国家社会科学基金重大项目成果（14ZDC005）
上海市马克思主义理论学科发展支持计划资助出版

法治德治论

RULE OF LAW AND
GOVERANCE WITH MORALITY

高国希　张晓燕　叶方兴　著

复旦大学出版社

目 录
CONTENTS

导论 ·· 001

第一章 法治与德治的概念及其治理逻辑分析 ············ 009
  第一节 法治概念及其治理逻辑的澄清 / 011
  第二节 德治概念及其治理逻辑的澄清 / 016
  第三节 法律与道德关系讨论的缘起 / 025

第二章 理论前提：法治与德治结合的前提设定 ········ 033
  第一节 现实条件：当代中国法治与德治结合的
      语境审视 / 035
    一、政治语境：中国共产党领导的国家治理
      现代化 / 037
    二、历史语境：伦理型文化传统的持久浸润 / 044
    三、社会语境：当代中国"复杂现代性社会"
      的历史方位 / 050

四、文化语境:价值观建设与治理实践的
同步性 / 055

第二节 社会基础:当代中国全面依法治国的社会
背景 / 060
一、法的社会性与法治中国的"语境自觉" / 061
二、从传统到现代:法治中国的社会语境
转换 / 067
三、当代中国法治建设的社会基础及其实践
考量 / 073
四、当代中国法治建设的社会基础优化 / 078

第三节 伦理实践:现代国家治理的伦理性判定 / 083
一、通向美好生活的至善之业:现代国家治理的
伦理目标 / 084
二、制度正义与实质之善:现代国家治理的伦理
原则 / 090
三、品格塑造:现代国家治理实践主体的伦理
身份 / 096
四、以伦理实践定位当代中国的国家治理
现代化 / 102

第三章 价值阐释:法治与德治结合的价值论逻辑 109
第一节 道德与法律的关系:基于价值论阐释 / 111

一、道德与法律关系的基本理解 / 112
　　二、价值论:道德与法律契合的内在根基 / 120
　　三、从价值论视角正确把握道德和法律之间的
　　　　关系 / 126
第二节　法治与德治结合的价值论基础 / 128
　　一、法治与德治的价值意蕴 / 130
　　二、法治与德治的价值契合性 / 135
　　三、法治与德治的价值实现 / 139
第三节　现代国家治理的价值基础 / 149
　　一、"治国理政"的价值意蕴 / 149
　　二、"治国理政"深刻体现马克思主义人民观 / 153
　　三、"治国理政"充分吸收现代性价值 / 158
　　四、"治国理政"赓续中华优秀传统文化 / 162

第四章　法治与德治结合的国家视角:权力运行逻辑　169
第一节　德法互济中的秩序基础:法治为本 / 177
　　一、道德治理的当代挑战 / 177
　　二、社会转型与法治秩序 / 178
第二节　超越规范:治理实践中的德法互济 / 187
　　一、超越制度的德法互济 / 187
　　二、法律与道德的冲突:作为一个公共议题 / 195

第三节　法治与德治结合的关键领域:立法　/ 200
　　一、法律的疆域:道德立法的限度　/ 201
　　二、德法互济的立法实践:以公务员制度
　　　　为例　/ 207

第五章　法治与德治结合的社会视角:教育实践逻辑　215
第一节　现代社会与公民品德　/ 218
　　一、现代社会的风险性与公民品德稳定的
　　　　向善定势　/ 219
　　二、个人主义的冷漠与公民品德的道德情感　/ 223
　　三、公共领域的私人化与公民品德的实践性　/ 228
　　四、社会的制度化与公民品德的支撑补充　/ 231
第二节　制度建设与品德培育　/ 235
　　一、制度与品德:社会的价值支撑及其表现
　　　　形式　/ 236
　　二、价值普遍性的实现:制度致善及其困境　/ 240
　　三、崇高价值的内化:品德培育的现代价值　/ 245
第三节　法治建设与公民品德　/ 249
　　一、制度建设与人的建设:现代国家治理的
　　　　双轮驱动　/ 249
　　二、公民品德:法治建设的主体向度　/ 255

三、公民品德与现代法治运行 / 259

四、法律制度建设与公民品德培育并举 / 264

结语　作为社会价值形态的道德与法律 ········· 269

主要参考文献 ········· 297

导　论

　　为什么道德和法律可以相提并论？它们能够结合在一起的依据、理由是什么？我们认为，根本在于，道德和法律都是社会的价值形态，都是社会价值的一种体现。这里所讲的社会价值形态，是社会价值取向的展现方式，表征着这个社会占主导地位的意志需要和意义追求。习近平指出："法治是人类文明的重要成果之一，法治的精髓和要旨对于各国国家治理和社会治理具有普遍意义。"[①]中国特色社会主义法治道路的一个鲜明特点，就是坚持依法治国和以德治国相结合，强调法治和德治的结合。

　　在以中国式现代化全面推进强国建设、民族复兴伟业的今天，我们的目标是到 2035 年"基本实现国家治理体系和治理能力现代化"[②]。"国家治理体系和治理能力现代化"，简明地说就是国家治理现代化，实现国家和社会的善治，善治意味着对社会事务的共治，表征的是公共利益最大化的治理活动和治理过程。

[①]《习近平著作选读》第一卷，人民出版社，2023 年，第 302 页。
[②]《中共中央关于进一步全面深化改革　推进中国式现代化的决定》，人民出版社，2024 年，第 4 页。

党的十八大以来,"中国特色社会主义制度更加成熟更加定型,国家治理体系和治理能力现代化水平明显提高"①。早在2013年,党的十八届三中全会就提出了全面深化改革的总目标,并作出了全面的部署。为落实十八届三中全会提出的全面深化改革决定,一年之后,党的十八届四中全会明确了法治在国家治理现代化中的重要位置,提出,"依法治国,是坚持和发展中国特色社会主义的本质要求和重要保障,是实现国家治理体系和治理能力现代化的必然要求,事关我们党执政兴国,事关人民幸福安康,事关党和国家长治久安"②,明确了法治建设所应该遵循的基本原则,其中强调"坚持依法治国和以德治国相结合。国家和社会治理需要法律和道德共同发挥作用"③。在将"法治"作为治国理政的基本方式予以确定的同时,强调治理过程中的德法互济。党的二十大报告进一步明确了依法治国与以德治国相结合的重要性及其实践抓手,提出"坚持依法治国和以德治国相结合,把社会主义核心价值观融入法治建设、融入社会发展、融入日常生活"④。

---

① 《中共中央关于进一步全面深化改革 推进中国式现代化的决定》,人民出版社,2024年,第49页。
② 《中共中央关于全面推进依法治国若干重大问题的决定》,人民出版社,2014年,第1—2页。
③ 《中共中央关于全面推进依法治国若干重大问题的决定》,人民出版社,2014年,第7页。
④ 习近平:《高举中国特色社会主义伟大旗帜 为全面建设社会主义现代化国家而团结奋斗——在中国共产党第二十次全国代表大会上的报告》,人民出版社,2022年,第44页。

治理(governance)不同于统治(government),指的是政府组织和民间组织在一个既定范围内运用公共权威管理社会政治事务,维护社会公共秩序,满足公众需要。我国的国家制度和国家治理体系,以具有真理性和道义性的马克思主义为理论指南、植根中国大地、具有深厚中华文化根基、开放的世界视野,为推进学术体系、理论体系、话语体系守正创新提供了深刻的实践基础。自1999年宪法修改将"法治"作为宪法的基本原则予以确认,到2014年十八届四中全会将法治确立为治国理政的基本方式,法治建设与我国的治理现代化发展历程紧密相关。当代中国,随着依法治国的倡导以及法治社会的构建,德治与法治之间关系成为迫切需要关注的话题。这不仅源于法律与道德之间的理论亲缘性,而且在于在中国这个带有强烈道德文化传统的国家,法治社会的建设必然需要对众多的道德问题作出回应,同时也需要将法治理想和道德理想结合起来,因此,道德建设成为依法治国理论思考与实践推进中必然面对的课题。党的二十大报告要求把社会主义核心价值观融入法治建设,其实就是要求法治建设与更好构筑中国精神、中国价值、中国力量,坚持共同的理想信念、价值理念、道德观念结合起来,"从制度与精神价值方面推进国家治理体系和治理能力现代化",从而把制度优势转化为国家治理效能。

　　围绕法律与道德关系的讨论是现代法学非常核心的议题①。

---

① D'Entreves, A. P., *Philosophy, Natural Law: An Introduction*, 2nd Edition, Hutchinson University Library, 1972, p.83.

从起源的角度看,自然法学和实证法学的出现及其发展,与人类认知世界的能力和方式的发展紧密关联。作为现代法律传统起源的希腊和罗马传统中,都有讨论自然法和制定法的关系,认为法律应该同理性、正义联系在一起,即符合自然法的制定法才是真正的法,之所以会将制定法放在一个需要接受自然法审视的位置,核心的原因是人类社会初期,人类认知和改变客观世界的能力是有限的,总认为存在某种超越人类自身的力量在支配着宇宙的发展。但是,伴随着民族国家的崛起及其主张主权最高性的需求,以及人类认知世界能力的发展,尤其是自然科学发展所带来的对世界本质、人类认知世界的可能以及方法的讨论的发展,认为制定法应该与自然法保持一致的共识逐渐示弱。尤其是19世纪之后,社会科学逐渐以自然科学为范本,转化自身的研究范式,从而发生了方法论的变化,法学也不例外。

现代法律人从原有的综合知识体系中,选取可供利用的法律要素构建理论体系,形成了现代法学特有的范式,法学研究逐渐将法律本身作为一个闭合的、自治的规范体系来理解,排除以道德为代表的外部力量对法律规范影响,构建了一个以实然性的法律规范为核心的科学研究范式。这个范式以特殊的思维风格产生了学科特有的问题、专业的评价体系、法律方法和技术、概念等,通过一个相对封闭的研究范式生产法律知识。这样的法律知识往往"不考虑法律实施的实质目的或环境,仅是评价概念间逻辑关系、注重概念和体系的自治性,落脚于法律解释方法的准数学逻辑体系,与实际的经验或者人类目标无关"①。这种实证主义的基本立场,自19世纪开始,作为法律科学的代表性研究方法,在法律方法、法律解释、法律适用中扮演了非常重要的角色,这在一定程度上弱化了自然法的影响,进而淡化了法律与道德关系的讨论。

罗杰·科特莱尔认为,实证主义的研究方法是现代法学运用理性创造性构建的"法律意识形态",它是关于法律性质高度一般化的假定,影响着政治和法律实践以及对法律和法律规制的流行态度。理性主义影响下的实证主义的方法论,在一定程度上会影响各个国家在法律实践中忽略自身历史传统中所蕴含的重要的法治资源和治理智慧。因为按照理性主义的立场,在线性的历史观中,过去与现在对应的是落后与进步的关系。但是,法律要在特定共同体内自觉发展、演化出来,不能通过借鉴外来概念体系,脱离现实构建。"不应该是从政治理论家贩卖的货物中挑选出来的,而必须是像一棵大树一样,是从一个国家的土壤中历经数个世纪生长起来的。"②鉴于此,是否需要对受到理性主义和科学主义影响的法学研究方法论进行反思,认真对待中华法系所留存下来的治理智慧,对中国自身的文化土壤保持

---

① Roger Cotterrell, *Law's Community: Legal Theory in Sociological Perspective*, Oxford University Press, 1995, pp.152-153.
② [美]罗兰·斯特龙伯格:《西方现代思想史》,刘北成、赵国新译,中央编译出版社,2005年,第211页。

一种高度的敏感性,对其需求作出有效的现实回应,构成了本研究的思考方法论的前提。从这一前提出发,之前很多没有被充分注意的问题就会被提出来,"是否可以将法律规范视为一个完全闭合和自洽的系统,如何处理法律与其外部环境及其影响因素的关系,从而能够确保法律自身的治理优势得以充分发挥的同时,从而能够确保法律不疏离现实的土壤,能够真正回应现实的正义需求""法律是否应该只考虑原子化的个体这一理想人格,还是需要结合治理需求,对人格做更为多元和丰富的理解""法律在纠纷解决中是否一定是以对抗式的方式运行",这些法治建设中与我国本土实践紧密相关的问题,都需要在反思现有法学研究方法上得到充分的回答。

鉴于此,依法治国与以德治国的关系,需要放在国家治理现代化进程中来讨论。德治与法治的关系,不是一般的脱离时空的泛论,而是有其具体的、历史的社会情境条件。从国家治理方式的视角,揭示依法治国与以德治国两种不同形式之间的关系,并在社会大系统的各个层面具体地加以落实和实践,推进国家治理现代化,需要对依法治国与以德治国之间关系的基础理论予以揭示,同时结合国家治理现代化进程中依法治国与以德治国相结合的困境分析,最终从具体层面探索如何落实依法治国与以德治国相结合。立足点一方面是在国家层面的权力运行框架下,如何具体体现依法治国与以德治国相结合,具体探索如何在立法、司法、行政过程中实现法治与德治的统一。另一方面是从社会层面讨论以良序的社会秩序建构为目标，以教育教化公民意识为基本路径的好公民培育为具体抓手，实现依法治国与以德治国的合治。

依法治国与以德治国之间的关系，在理论研究中是一个常谈常新的话题。尽管这个话题一直被讨论，在21世纪初，伴随"以德治国"的提出，曾一度形成热议，对两者之间关系的研究可以说已经形成了一定的规模，也取得了一定的进展，有些提法和结论也逐渐成为政府文件、大众日常生活中惯用的表达，如依法治国与以德治国相结合。但是，将德法互济的讨论直接嵌入国家治理的宏观背景中，超越制度逻辑的讨论，关注价值引导和塑造的视角依旧有限。鉴于此，本研究以国家治理现代化的视角讨论依法治国与以德治国之间关系，揭示法治与德治在国家治理现代化进程中的地位、功能，并从国家实践和社会塑造两个视角探索两者之间结合的具体思路和路径，期待能够为国家治理现代化以及道德与法律关系论域，开放出全新的理论视域。

第一章

法治与德治的概念及其治理逻辑分析

讨论法治与德治的相互关系,首先要对两种治理秩序中所涉及的基本概念有所澄清,尤其是德治所涉及的道德、礼、习惯法等相关经常混同使用的概念。尽管由于使用语境的差异,相关概念的区别和联系无法借助于单一的研究予以彻底的澄清,但为了确保相关讨论的严谨性,促进有关讨论的进一步有效推进,需要对相关概念有一个相对清晰的界定。

第一节　法治概念及其治理逻辑的澄清

现行 1982 年宪法历经了 1988 年、1993 年、1999 年、2004 年、2018 年五次修订。其中在 1999 年宪法修改时,在宪法第五条增加一款,作为第一款规定:"中华人民共和国实行依法治国,建设社会主义法治国家。"自此,"法治"被确定为党领导人民治理国家的基本方略,作为宪法基本原则确定下来。十八届四中全会确立了全面推进依法治国的总目标是建设中国特色社会主义法治体系,建设社会主义法治国家。

用亚里士多德的话讲,法治应包含两重意义:已经制定的法律获得普遍的服从,而大家所服从的法律又应该本身是制订得良好的法律。法治意味着要实现规则治理,法律应是社会治理的最高准则,任何个人和组织都不享有法律之外的特权,即法律至上。法治(rule of law)一词起源于英国,从拉丁的起源来看,主要处理两个主体之间的关系:一个叫 Lex,是法律的意思;另一词是 Rex,即王的意思。Lex 和 Rex 最初排的次序是"王在法前",国王不受法律的规制。1215 年,英国《大宪章》否定了这种传统关系,主张法在前,王在后,国王权力应该受到法律的限制,法律应该在一个社会中享有最高的权威,这就构成了法治的原意。韦伯认为,权威的渊源主要有三种,传统型、个人魅力型和法理型。作为现代法律制度要在一个社会中享有权威,又要与传统的德治和人治区分开来,其权威渊源主要是法理型,即能够从理性上说服个体服从法律的效力。这就使得法治的内涵首先与民主概念联系起来。从理性的角度解释现代国家的合法性,公民服从政治国家的统治是因为看到在一个有国家的社会中,相对于一个没有国家的社会中,个体的权利和自由能够获得更好的实现,因此个体出让一部分自己的权利,构建了政治国家。政治国家一旦拔地而起,如何确保其行使的权力仅仅是在成就公民权利而非是对其的侵害,这就需要国家权力依法行使,而决定法律规则的立法权则应该交到人民代表手中,这就使得法律不过是我们自我意志的彰显,从而使得服从法律不过像服从自己的意志一样自由(卢梭语)。从这个角度,法治作为一种规则治理的方式与民主治理之间是紧密相连的。只有那些通过民主程序制定出来的，即经过了民主立法过程产生的法律才会受到全社会的尊重和遵从。

但是，以纽伦堡审判为代表的历史事件彰显了一个基本事实，仅仅具备民主立法这一形式特质，并不能绝对保障法律之治对公民权利的成就，因为民主机构也会犯错，也可能会呈现"多数人暴政"这样的对权利的侵害现象。因此，法律必须具备某种实质性的正当性——需要符合社会公平、正义的理念，符合时代发展需求，符合民众的利益，体现社会共同理想和信念，这才是真正意义上的法治内涵所在，这也使得法制与法治的概念区分开来。"法"的概念通常在两种意义上被使用，一种把"法"看作法律规范系统的总称；另一种认为"法"不仅包括法律规范系统，而且包括法律本身的伦理正当性，也就是亚里士多德所强调的"获得普遍服从的法律必须是制订良好的法律"。当要求必须要将法律的实质正当性也纳入考虑，法治的内涵就包含这样三层意思：(1)完备的法制，即法律制度健全，法律规范完备，法律能够正确反映社会经济发展的客观需要，社会生活都处在法律规范的调整范围中，做到"有法可依"。完备的法制是法治的基础。(2)法律具有权威性，法律在社会生活中得到普遍和严格的自觉遵守和执行。社会中没有任何超越法律的权威存在。法律规范是否获得充分的尊重和服从，法律之上是不是还有更高的权威，法律本身不是被视为工具来对待，而是本身就是权威，这就构成了法治实现的关键所在。(3)法律具有正当性。在社会中享有普遍权威的法律,本身是制定良好、有利于公民权利保护的法律。法律统治必须建立在法律本身的正当性基础上,即不仅仅是"法律之治",同时也是"良法之治"。

满足了前两项,即法律制度健全、完备和统一以及法律具有权威性,"法制"就得以实现。法制主要指称的是一个国家法律系统的建构和效力实现,尽管也强调依据法律而统治,但是这样的法律观很有可能是工具主义的法律观,因为法律之上可能还有更高的权威存在,法律本身是被视作统治的工具而存在的。尽管形式上社会关系都处于法律调整当中,但是法律是可以根据那个更高意志随时变更和调整的,因此,法律并不是一个社会当中实质的权威,同时,法制本身也不追问处于统治地位的法律本身的正当性问题。与此不同,"法治"指代的是一种治国原则,"法制"指的是一个国家或地区的法律制度体系及其实施状况,二者是原则与制度、实质与形式的区别。法制的实现体现为规则体系的建立,而法治的实现则体现为精神价值体系,关注制定和执行的法律是否是良法。正义的法律本身是从权力行使中产生权威的关键所在,因此,法治实现与否与权威的构建、国家主权的实现紧密相关。所以,一方面,要实行"法治",必须以完备的"法制"为基础;另一方面,在"法治"国家中,"法制"的运行要以"法治"为终极目标。因此,有"法治"则必有"法制",而有"法制"未必有"法治"。正因如此,十八届四中全会将法治建设老的十六字方针转向新的十六字方针,从强调有法可依、有法必依、执法必严、违法必究转变为科学立法、严格执法、公正司法、全民守法。其中变化最大的就是对科学立法和公正司法的强调,从而彰显法治不仅仅是一种规则之治、民主之治,更是一种良法之治。当然,这里提出的一个更为根本的问题就是如何在实践中判断何谓良法。如果允许每一个人都能够按照自己的利益好恶对法律作出评判,必然导致法律权威受到根本的损耗和社会秩序的失序,因此,明确判断法律良恶的标准,并确保这一判断有明确的制度依据和实施保障,成为了法治建设的关键所在。

"法治"不同于"人治",在法治社会中,最高的和最终的支配力量不是政府的权力而是法律,政府的任何权力都必须要由法律所规定,任何组织或者个人都不得有超越宪法和法律的特权。人治社会与法治社会最大区别在于,公权力的内容、行使等是否纳入法治的轨道,即政府是否做到依法行政、严格执法、依法裁判。相较之私权领域强调"意思自治,责任自负""法无明文禁止即为合法"等消极规范原则,法律对公权力的规制要严格得多,强调"法无明文授权即为违法"的积极规制。法治之所以强调对国家权力的约束,是因为国家权力的存在就是为权利而服务的。尽管权力为权利实现之所需,但是,从实践的层面来看,权力具有强制性、单方性、主动性、扩张性等特点,一旦失去了约束,将严重威胁处于弱势一方的公民合法权益。因而,要通过法律手段来调整政府和公民的关系,确保把权力关进制度的笼子,这体现了法治国家的本质,即国家和人民的关系是以法的形式来界定的。

第二节 德治概念及其治理逻辑的澄清

对于法治的概念有所了解之后,必须对我国语境中的德治概念有所把握。相较之法治概念的相对确定性,对于德治的理解则更为多元。费孝通在《乡土中国》中区分了礼治和德治,指出:"礼治社会并不是指文质彬彬,像《镜花缘》里所描写的君子国一般的社会。礼并不带有'文明'、或是'慈善'、或是'见了人点个头'、不穷凶极恶的意思。礼也可以杀人,可以很'野蛮'。……礼是社会公认合式的行为规范。合于礼的就是说这些行为是做得对的,对是合式的意思。如果单从行为规范一点说,本和法律无异,法律也是一种行为规范。礼和法不相同的地方是维持规范的力量。法律是靠国家的权力来推行的。'国家'是指政治的权力,在现代国家没有形成前,部落也是政治权力。而礼却不需要这有形的权力机构来维持。维持礼这种规范的是传统。""礼是合式的路子,是经教化过程而成为主动性的服膺于传统的习惯。"①在费孝通先生这里,法律、道德和礼三者的区别

---

① 费孝通:《乡土中国》,上海人民出版社,2006年,第41—43页。

在于约束力量的差异,法是依靠国家强制力,礼是依靠内心自觉,德是依靠社会规范和舆论。一个人不断地违反道德规范所要承受的后果并非以强制力保障的法律惩戒,而是所生活的社区对自己进行道德评价所形成的社会舆论压力。这样的压力本身并无法对个体构成任何强制,个体会在意这样的评价,从而去遵循特定的道德规范,一方面是因为弱流动性所带来的对于身边生存社会资源的依赖,个体很难完全不顾及身边社会对自己的评价,另一方面,这是一种"好古"的生存方式的体现。在涂尔干所言的一个一体化、流动性弱的"机械式同一"的社会中,别人的生活经验对于个体而言是有说服力的——"我们面临的问题是同一的,所以解决方式也是同一的",因此,人会自觉地遵守传统和周围的经验及其在此基础上所形成的道德规则,这是生存的基本智慧。这个意义上的道德本身是社会的产物,其形成具有自下而上性,是受到社会舆论支持的、多数人所秉持的生活方式和价值判断的总称。

传统上所强调的"德主刑辅"的"德"作为一种由统治者所承认的秩序,似乎在很大程度上与"法"一样,都来自掌握统治力量的统治阶层的承认和主张。但是,从整体来看,道德尽管获得了统治力量的承认,但是其形成和表现载体还是与社会舆论、非正式规则这些作为小传统的规范特质相关联。因此,在界定中国传统的秩序的构成时,会将道德、民间法和习惯法作为小传统来对待,从而将国家正式制度治理之外的其他规范治理都统称为与之相对的"德治",这个时候德治治理规范的范畴就会大大扩展到狭义的道德之外,包括了民间法和习惯法。梁治平在对清代法律秩序的考察中指出,清代"国家"的直接统治只及于州县,再往下,有各种血缘的、地缘的和其他性质的团体,如家族、村社、行帮、宗教社团等等,普通民众就生活于其中。值得注意的是,这些对于一般民众日常生活有着绝大影响的民间社群,无不保有自己的组织、机构和规章制度,这些制度化的规则是由风俗习惯长期演变而来,它们不同于朝廷的律例,不是通过国家正式或非正式授权产生的,在这种意义上,我们可以将其统称为"民间法"。大体言之,清代的民间法,依其形态、功用、产生途径及效力范围等因素综合考虑,大体可以分为民族法、宗族法、宗教法、行会法、帮会法和习惯法几类[1]。

以上讨论的各种非正式规范源流,如民族的、宗教的、宗族的、行会的等,广义上都可以说是习惯法,因为在由日常生活中的习俗、惯行、常规逐渐向明确制定的规则过渡的连续体中,它们都更多地偏向于惯习一端。严格意义上的习惯法,或者是狭义的习惯法则与民间法不同,它很少有成文的规则,甚至没有确定的组织或机构来负责其实施。首先,在内容上,习惯法所涉及的主要是古人所谓"户婚田土钱债"一类事务,其中,有关土地的各种安排、交易以及金钱的借贷往还等,既是当时民间经济生活

---

[1] 梁治平:《清代习惯法:社会与国家》,中国政法大学出版社,1996年,第36页。

最为重要的方面,也构成了习惯法的基本制度。其次,在形式方面,习惯法最令人惊异的地方在于,它的存在既不以成文的规则为条件,其适用也不依赖于特定的监督和执行机构。习惯法不是被人为地按照某种原则设计出来的东西,它是由无数个人反复进行的劳作、交往和冲突,在长时期的生活实践中分散地形成的。习惯因俗而生,随风而变,倘某种做法占据上风,且为众人群起效尤,就可能推衍成风,变成所谓"乡例""土俗",是民间、社区处理矛盾和冲突时所遵循的法则①。

古代中国辽阔的疆域以及古代官僚统治能力的有限,决定了中国传统秩序中道德、民间法和习惯法事实上在主导性地塑造统治秩序。但是,这种秩序的维系是以共同体的同质性和社会变迁的缓慢甚至不存在根本性的变革为基础的,伴随着民族国家的不断强大,市场化和全球化的发展,社会变迁的频繁化和复杂化,国家法对于秩序的塑造越来越具有主导性,而道德、习惯法的影响逐渐示弱。礼和法作为大传统,体现和维护的是自上而下的国家意志,道德、民间法和习惯法则体现了具有自发秩序的社会的自我意志,从渊源角度无法认定二者在与正义的关联上谁更具有优先性,彰显的不过是两种不同的秩序——国家建构秩序与自身自发的社会秩序。

自然法学派在关于法律与道德关系的讨论中,所强调的判

---

① 梁治平:《中国法律史上的民间法——兼论中国古代法律的多元格局》,《中国文化》1997 年 Z1 期。

断法律良恶的依据是"支配万物的自然法则",因此这里的道德本身是一个有待确认和解释的形而上概念。相较之法律而言,道德作为一种应然的判断依据,其正当性是不证自明的。但是,从上文的分析中可以看到,在中国的语境中,"道德"更多的是与文化、与生活习惯相关联的确定的客观存在,就存在于世俗的社会舆论中,这样的"道德"并不具有无须审视的理所当然的正当性。因此,在我们的语境中,当法律与道德冲突的时候,需要对二者的价值立场、运行逻辑等进行深入的理解和分析,而不是简单地要求法律服从道德判断。另外,当我们试图去发掘传统"德治"背后的治理理性时,可能要意识到,今天试图用"道德规范"对社会进行统合的时候,在价值多元的社会,必然要面临诸多的困境。一方面,就是道德本身向着多元化的方向发展,在一个"诸神之争"的时代,道德共识如何能够形成。当"好古"的生活方式——即其他人的生活方式对我而言是有效的经验,在现代社会已经不具有主导性,能够让人具有自发认同感的社会规范应该如何产生,就成为了当代意义上的"德治"要思考的核心问题。另一方面,道德要作为一种共识本身要发挥作用,熟人社会是一个必要条件,舆论压力发挥作用的前提是个体认可这种舆论的效力,会产生内心压力,熟人社会的解体,陌生人社会交往的短期性意味着社会舆论对个体的影响效力在减弱,如何能够确保个体的道德敏感性,生产这种道德能够有效发挥作用的社会环境,这是当下道德治理需要认真面对的议题。

法律本身能够获得社会成员的服从,不仅仅是因为国家强制力的保障实施,而是因为商业化社会中,个体的趋利性决定了共识的产生必须以满足个体利益作为基础。法律作为一种形式理性,因为平等且稳定地适用于所有的主体,为市场运行提供了稳定的预期,满足了市场中主体的信赖利益和理性需求,从而在现代社会构成了社会的"共识"所在。与法治不同,德治本身强调内心认同,从这个角度,要实现这种借助于内心自觉产生的有效秩序塑造,就必须要找到与传统德治同质化的语境。

　　传统德治所赖以生存的社会土壤在今天这样一个以商业为基础的多元社会是很难恢复的,但是在一个以多元为底色的社会中依旧存在产生自发认同规则的共同体的可能。如果说传统是以家庭血缘作为构建这种认同的共同体的基础,今天的社会存在着职业分工、生活区域、兴趣爱好等为基础的构建共同体的多重因素,如果能够充分尊重社会构建这种共同体的偏好与热情,那么在这些多样的共同体中依旧可以看到传统德治的力量——共同体不是自然形成的,需要每个成员为其添砖加瓦,接受和遵守共同体共同认可的规则。从根本上说,德治是一种软法,是一种在日常生活中获得自觉产生的自律。这种自律是人生的最高律令,无须外界所强制,其本人就是自己的执法官,这种自律得以形成的前提是自己是自己的立法者——规则本身是自己认同的,是在自己所构建的共同体中有效运行的。因此,如何开放公共领域,让社会成员参与社会规则的制定,形成自我认同的价值观念,是重拾道德在社会中发挥作用的根本所在。

美国法社会学家埃里克森在他的著作《无需法律的秩序:相邻者如何解决纠纷》中,通过观察美国加州夏斯塔县乡村居民如何化解因牲畜引发的种种纠纷发现,夏斯塔县的邻居运用了一些非正式规范,而不是正式法律规则,解决了相互间出现的大多数争议。鉴于此,他提醒我们将视野从国家法的专注中拓展开来,应该认识到,"法律制定者如果对促成非正式合作的社会条件缺乏眼力(unappreciative——引者注),他们就可能造就一个法律更多但秩序更少的世界"①。无论是瞿同祖老先生的《中国法律与中国社会》,还是梁治平现实的《寻求自然秩序中的和谐——中国传统法律文化研究》,都向我们彰显了中国社会民间法在中国传统秩序塑造中所发挥的不可替代的作用和深远的影响。其实除却立法机构所制定的国家法在塑造我们的社会秩序,人们的社会行动本身也会形成很多自发产生的秩序安排。社会自身存有免疫系统,会自发产生伦理规则,解决社会矛盾,形成自生自发的秩序。社会中存在且并不缺乏的那些促成人们合作、遵守规则的条件,那是国家正式制度之外一个社会的秩序基础所在。

很多学者在对中国近代的危机进行反思和总结时指出,传统国家统治的合法性依赖儒家模式。儒家模式中国家仅仅以维

---

① 转引自赵冠男:《秩序是如何产生的——读〈无需法律的秩序〉》,《岳麓法学评论》2017 年第 2 期。

持秩序为目的,除此以外没有更为积极的目标,由此给市民社会留下更大的空间,从而形成了大传统和小传统、国家法和民间法并存的秩序格局。两种不同的秩序规范的沟通和互动,主要是通过作为国家与乡村社会沟通中介和渠道的士绅阶层实现。晚清以来的危机在于,面对现代化冲击产生了完全不同于传统的大传统,这种从西方移植而来的大传统与传统文化中的小传统之间是断裂的,国家推行的正式制度与社会中生成的非正式制度之间是断裂,传统稳定的绅士阶层在商业社会的冲击之下本身也发生了分裂,导致大传统和小传统、国家法与民间法之间缺乏传统士绅的有效沟通,这种制度断裂导致国家在社会中陷入了合法性危机。因此,近代中国的危机不是王朝更迭的问题,而是重建国家与社会关系的问题。传统德治的有效性是建立在国家与社会的良性互动、在承认民间法的正当性和必要性的基础上,是在承认民间治理逻辑和秩序基础上实现的国家建构秩序与社会自发秩序之间的对话与融合。

事实上,法律本质是解决此岸世界的世俗问题的,尽管有其独特的制度逻辑,但是如果法治建设本身建立在对民众无知愚昧的假设基础上,用国家理性去否定社会自生自发的智慧,这一有关法律的事业注定是要失败的。立法(制定法)是国家通过深思熟虑制定的社会规则,是用来创制某种期望的秩序,但是,这一过程只是依赖一般的理性原则,不足以充分利用和反映受立法影响的个体和社会的具体的知识,这就可能会与社会的智慧、社会自发秩序相对立。正是在这个意义上，依法治国与以德治国相结合，一个很重要的视野在于要实现国家法和民间法的互动，这不是简单地将民间适用的规范转化为国家法，而是要在国家法之外，看到那些自生自发的秩序，看到个体，看到社会在社会秩序的塑造方面所具有的自主性。对于社会自生的习惯、惯例、规则这些民间法或者是本土资源的认可，从根本上是对国家统治之外社会自治能力的认可。在这个意义上，我们就理解了为什么在党的十八届四中全会的决议中要提到"深化基层组织和部门、行业依法治理，支持各类社会主体自我约束、自我管理。发挥市民公约、乡规民约、行业规章、团体章程等社会规范在社会治理中的积极作用"。因为要克服人类理性致命的自负，在处理国家法和民间法关系上，除了一种立场和态度，我们别无选择，这种态度就是：努力去寻求国家法和民间法之间的某种关联，为民间法的运行预留足够的空间。国家理性和民间智慧，一个也不能少，他们共同构成国家治理现代化的公共理性。

对于传统社会已经解构的中国现实而言，如何能够让道德共识，民间习惯法得以"再生产"，是事实上更为重要的问题。单纯依靠国家法的生产是无力回应全部的社会制度供给需求的，所以恢复德治秩序的问题不仅在于国家法承认民间法，通过道德法律化的国家立法实践将道德规范转化为法律规范，更重要的是让社会恢复健康、有效的自我治理能力，恢复"道德共识"的生长土壤,这是中国国家治理现代化的关键所在。规则治理不仅要确认已经形成的共识,而且要培育社会成员形成共识的能力和条件——常识的注入、自治的个体的出现,理性精神和契约精神的培育本身是形成共识的前提和基础。

第三节　法律与道德关系讨论的缘起

在对法治和德治的基本概念予以澄清之后,对于如何处理二者的关系的探索需要有基础理论的指导。庞德指出:"上个世纪(19世纪——引者注)法理学著作中突出的三个主题是:法律的性质、法律与道德的关系和法律史的解释。"[1]法律与道德的关系问题,几乎是19世纪以来的法学家思考的根本问题。尽管这种关注很大程度上起源于法学建立自身学科范式的主动探索,是一种由于学科划分所形成的问题意识[2],但是如何面对法律与道德,实证法学派与自然法学派的争论确实蕴含了对于无法回避的现实困境的回应。尤其是以二战结束之后的纽伦堡审判为代表,如何看待纳粹法律的法律效力问题,将讨论法律与道德关系的现实意义推

---

[1] Roscoe Pound, *Law and Morals*, The University of North Carolina Press, 1926.
[2] Roscoe Pound, *Law and Morals*, The University of North Carolina Press, 1926.

向了顶峰,引发了新一轮有关法律与道德关系的讨论。其中,哈特和富勒的论战被认为是法律与道德问题的第一次正面交锋,是法律与道德之间的"经典论战",是法理学史上的"史诗篇章"①。这次论战与此前的法律与道德的争论构成了一个有机的整体,将实证法学派和自然法学派的分歧进一步地予以澄清和升华。因此,对于哈特与富勒论战的分析和诠释,成为讨论现实治理中法律与道德问题的前提性理论基础。

哈特写作《法律的概念》的动机很大程度上源自回应法律实证主义在二战之后所面临的"主权理论危机"。从奥斯丁开始,法律与主权者命令、法律的强制制裁性以及法律与道德的区分构成了法律实证主义的三角命题。道德与法律的分离服务于主权国家的绝对性,这依然是马基亚维利论题的延续:主权国家的政治如何摆脱传统道德的约束。"法律实证主义在宏观理论上支持了民族国家主权至上的要求,主权、国家意志、国家强制力等等成为法律实证主义的关键词,而在微观上,法律实证主义所塑造的科学推理的技术思维,塑造了现代社会所需要的法律主体。"②但是,这一将法律之本质归结于"主权者命令"的理论在纽伦堡审判中受到了挑战,在正义的拷问之下面临了严重的现实

---

① Eric J. Boos, *Perspectives in Jurisprudence: An Analysis of H. L. A. Hart's Legal Theory*, Peter Lang Publishing Inc., 1998.
② 强世功:《法律的现代性剧场:哈特与富勒的论战》,法律出版社,2006年,第25—26页。

危机和诘难——如果法律违背人类基本之伦理追求,尽管其依旧具备作为主权者命令所需的各种要件和特征,此刻的法律是否还是法律?是否还应该被遵守?正是因此,哈特力图在不对自然法学派缴械投降的基础上,找到一套自洽的理论解释法律的本质,法律的源头所在,以此回应法律的主权危机。一方面他依然主张法律与道德分离,另一方面则在法律规则内部去寻求法律在"主权者命令"之外的渊源所在。哈特指出,"对国君立法权力的这种限制可以称为宪法上的限制,但这种限制不是法院不关心的纯粹习惯的或道德的问题,它们是授予立法职权的规则的组成部分,它们尤其与法院有关,因为法院用这种规则作为检验摆在它们面前的有意图的立法文件之效力的标准"①。在这个基础上他将法律规则做了义务性规则和授权性规则的区分,授权性规则成为法律规则的效力来源所在,从而在规则内部而不是主权者那里,为法律找到了其效力渊源所在,以此来缓解实证主义所面临的"主权理论危机"。对于哈特而言,"对一个法律的存在来说,有两个最低限度的条件是必需和充分的。一方面,根据这个制度的最终效力标准是有效的那些行为规则必须普遍地被遵守(义务性规则——引者注);另一方面,该制度规定法律效力标准的承认规则及其改变规则和审判规则,必须被其官方有效地接受为公务行为的普遍的公共标准(授权性规则——引

---

① [英]哈特:《法律的概念》,张文显等译,中国大百科全书出版社,1996年,第71—72页。

者注）。"①

　　哈特指出，立法权威是一个前置于法律效力的问题。如果一套规则系统要通过暴力被强加给任何人，就必须存在足够数量的自愿接受它的人士。如果没有他们的自愿合作，并因此创造出权威，法律和政府的强制力就很难建立起来。哈特认同道德对于法律的影响。他指出，不容认真争辩的是，法律在任何时候和任何地方的发展，事实上会受特定社会群体的传统道德和理想的深刻影响。哈特在承认法律受到传统道德影响的同时，认为不能把这种影响局限在当下的主流道德之上。他认为，（法律除却受到传统道德的影响）也受到一些个别人所提出的开明的道德批判的影响，这些个别人的道德水平超过流行的道德。尽管如此，哈特并不认为这样的事实可以证明这样的命题：法律体系必须和道德或正义有特别的一致性关系，或者必须奠基在人们普遍接受的想法上。这事实上就彰显了一种"不能将传统主流道德视为理所当然地影响法律效力的规则所在"的实证主义的态度，从而为现实中"法律与道德的分离"提供了正当性依据。与自然法学派的"恶法非法"的观念不同，哈特非常明确地指出，在面对法律与道德的冲突的时候，在没有依据授权性规则对现有法律规则进行改变的情况下，"恶法亦法"——"尽管国内

---

① ［英］哈特：《法律的概念》，张文显等译，中国大百科全书出版社，1996年，第116页。

法的某些特殊规则可能与道德相冲突,但是,国内法制度在整体上仍必须依赖于普遍传播的确信,即人们有一种服从法律规则的道德义务,虽然在某些例外情况中这一义务可能被推翻"①。

同样面对德国纳粹立法所导致的有关法律主权说的危机,富勒在讨论法律与道德的冲突问题时,首先做的是将法律与主权者命令之间进行了区分。富勒指出:"与管理不同,法律并不是一项指导其他人如何去完成一位上级所安排的任务的事务,而基本上是一项为公民彼此之间的交往行动提供一套健全而稳定的框架的事务,政府在其中的角色只是作为一个维护这套系统之完整性的卫士。"②因此,"社会中必须常规性地存在某种机制,以便在必要时使用暴力来支持法律。但这并不能证明将暴力之使用或潜在使用当作法律的标志性特征是正确的。……法律为了实现其目的而必须去做的事情同法律本身是完全不同的"③。

在此基础上,富勒一方积极地论述法律与道德之间的相互联系。他指出,就道德对法律的影响而言,经常被提到的要点包括:道德观念可能指导着立法,为批评既有的法律提供着标准(恶法非法——引者注),以及可能在法律解释中得到适当的考

---

① [英]哈特:《法律的概念》,张文显等译,中国大百科全书出版社,1996年,第226—227页。
② [美]富勒:《法律的道德性》,郑戈译,商务印书馆,2005年,第243页。
③ [美]富勒:《法律的道德性》,郑戈译,商务印书馆,2005年,第128页。

虑。对反方向影响——也就是道德对法律之影响——的探讨一般来说更加不足,主要限定在这样一项观察上面:通过某种文化调节,确立已久的法律规则倾向于被认为具有道德上的正确性。这些评论当中普遍缺失的是对法律规则在使道德在人类的实际行动中得到实现方面所发挥的作用。道德原则不可能在一个社会真空或一切人对一切人的战争中发挥作用。过美好生活不仅需要良好的意图,它需要得到人类交往的牢靠底线的支持,至少在现代社会中,只有健全的法律制度才能提供这种底线[1]。不仅道德对于法律的发展施加全面和深刻的影响,法律对于底线秩序的提供也是道德得以发展的基本条件所在,二者是相互影响,相互促进的。在此基础上,富勒通过指出哈特理论中"法律乃权力之单向投射"观念所存在的问题,进一步阐释了法律与道德的联系。他认为哈特的分析并没有认识到维持一套法律系统的运转取决于相互交织在一起的责任的履行——既包括政府对公民的责任,也包括公民对政府的责任[2]。"如果受规则约束的人们知道规则制定者本人不会把自己制定的规则当成一回事儿,遵守规则就会失去意义。这个命题的反面同样值得注意,如果规则制定者知道其规则旨在约束人们缺乏遵守这些规则的性情倾向或能力,他自己也会缺乏任何激励接受法治的约束"[3]。

---

[1] [美]富勒:《法律的道德性》,郑戈译,商务印书馆,2005年,第237页。
[2] [美]富勒:《法律的道德性》,郑戈译,商务印书馆,2005年,第250页。
[3] [美]富勒:《法律的道德性》,郑戈译,商务印书馆,2005年,第253页。

富勒认为,要实现这种政府与公民的双向责任,除却需要法律服从外在的道德判断标准,符合公民内心有关正义的基本认知,还必须服从其内在的道德,从而他列举了八种将公民视为"一个负责的理性行动主体"的价值取向,并且能够有效支持法律效力的实现的法律的内在道德,以此确保法治的实现①。在富勒看来,法律的道德因素,无论是内在还是外在,都是其效力得以产生的必要要件,这也是法律区别于"权力之单向投射"的管理命令的关键所在。依靠内在与外在道德因素的支持,法律才能确保政府与公民的双向责任的履行,法治也才有可能实现。

法律与道德的讨论在法理学的谱系中是一个经久不衰的议题,这不仅源自这一议题与法学学科建构之间的紧密关联,更重

---

① 富勒指出:"创造和维系一套法律规则体系的努力至少会在八种情况下流产;或者说,就这项事业而言,有八条通向灾难的独特道路。第(1)种、也是最明显的一种情况就是完全未能确立任何规则,以至于每一项问题都不得不以就事论事的方式来得到处理。其他的道路包括:(2)未能将规则公之于众,或者至少令受影响的当事人知道他们所应当遵循的规则;(3)滥用溯及既往性立法,这种立法不仅自身不能引导行动,而且还会有效破坏前瞻性立法的诚信,因为它使这些立法处在溯及既往式变更的威胁之下;(4)不能用便于理解的方式来表述规则;(5)制定相互矛盾的规则,或者(6)颁布要求相关当事人做超出他们能力之事的规则;(7)频繁地修改规则,以至于人们无法根据这些规则来调适自己的行为;以及最后一种(8)无法使公布的规则与它们的实际执行情况相吻合。"与他所假定的在创立新法过程中所遇到的八种失败情形相对应,富勒提出了一个规则体系所应追求的八种优越品质,即法律的一般性、法律的公开性、法律的非溯及既往、法律的清晰性、法律不相互矛盾、法律的可行性、法律的连续性、官方行动与公布的规则之间的一致性。详见[美]富勒:《法律的道德性》,郑戈译,商务印书馆,2005年,第40—111页。

要的是诸多现实困境不断地敦促围绕这一议题的深入思考。哈特与富勒之间的讨论被视为围绕这一议题的第一次正面交锋，这场持续况久的争论在一定程度上框定了现代围绕法律与道德讨论展开的基本议题，后续的讨论基本都是在这一框架的指引基础上，直面不同现实挑战所做的进一步的探索和反思。对于我们国家而言，这一系列的讨论尽管具有一定的文化上的舶来性，但是依旧不缺乏可资借鉴性。站立在自己的文化土壤之上充分理解这场成熟的法理对话，处理好普遍性与特殊性之间的关系，开启同时具备开放性和地域关怀性的沟通和实践，是回应中国语境下法律与道德议题最为切实的路径所在。

理论前提：
法治与德治结合的前提设定

第二章 理论前提:法治与德治结合的前提设定

党的二十大报告指出:"坚持依法治国和以德治国相结合,把社会主义核心价值观融入法治建设、融入社会发展、融入日常生活。"法治与德治结合有其逻辑前提,需要从法治与德治,乃至法律与道德的内在逻辑关系入手,揭示两者结合的深层依据。道德与法律是用以调整社会生活的规范方式,在当前国家治理现代化乃至中国式现代化的语境下,法治与德治成为现代国家治理两种重要的治理形式。系统考量两者之间的结合,既要把握其背后的多重语境,又要澄明其前提性的依据。本章立足中国式现代化背景,对法治与德治结合的条件、前提展开讨论,揭示法治与德治结合的多重语境、社会基础和逻辑前提,以回答"法治与德治结合何以可能"。

第一节 现实条件:当代中国法治与德治结合的语境审视

党的二十届三中全会审议通过的《中共中央关于进一步全面深化改革　推进中国式现代化的决定》,深刻总结改革开放以来特别是新时代全面深化改革的宝贵经验,把"坚持全面依法治国"作为进一步全面深化改革的重大原则之一,同时提出了"法治是中国式现代化的重要保障"。

"坚持依法治国与以德治国相结合",既是全面依法治国的重要内容,也是当代中国法治建设的具体路径。尽管"坚持依法治国与以德治国相结合"(即"法治与德治结合")是中国共产党在推动中国式现代化、开展现代国家治理的政治意识形态语境下提出的重要命题,但该命题植根于丰饶的历史文化传统,承载了建成社会主义法治国家的重大使命。当前,在中国式现代化深度推进的大背景下,"法治与德治结合"的命题成为以马克思主义理论、法学、伦理学等学科为主导,多学科参与攻关的重大理论问题。学术界已经在"道德与法律关系""法治建设""全面依法治国"等方面积累了丰富的学理资源,也对此作出了充分的理论阐释,但相当多的成果都是立足于西方法律文化传统及西方法治建设框架,在表达法治的中国语境与本土意蕴、关照中国法治建设的历史与现实方面还有待进一步加强。实际上,作为深植于社会历史文化传统的实践活动,法治一旦缺少恰切的语境分析,就不免被视为抽离了中国社会独特的历史与现实的社会治理形式,关于法治与德治之间的关系研究,也随之停留在"相互配合、相互支持"之类的一般化结论层面。法治与德治的结合,既需要积极汲取人类法治文明与伦理文化的优秀成果,展现法治的普遍意义,又需要考虑中国语境,充分审视当代中国社会开展法治的历史文化传统与现实社会条件,并在此基础上找准"法治与德治结合"的问题域,探索合理的方法路径。由此,立足当代中国法治建设的历史与现实语境,对当代中国法治建设展开语境的适应性分析,就成为国家治理现代化乃至中国式现代化背景下推进法治与德治结合的前提。

一、政治语境:中国共产党领导的国家治理现代化

当代中国,"法治与德治结合"的提出首先出于国家治理现代化的战略考虑,并被看作一项政治命题。对之研究首先需要把握其现实的政治语境。法治与德治结合往往由党的文件系统提出,出于政治发展和意识形态建设的考量,并在中国共产党开启的国家治理现代化实践过程中得到具体落实。国家治理现代化,是作为马克思主义使命型政党的中国共产党,探索新型现代国家治理形态的政治实践活动。在此语境下,法治与德治体现出鲜明的政治品格,成为政治实践主体(政府或执政党)采取的两种不同的治理形式,即政治实践主体(政府或执政党)为了实现共同体的价值目标,而采取法律和道德的治理形式,进行调整、管理、协调、动员、服务等一系列的实践活动。相应的,法治与德治相结合就是要促成两者功能方面的互补,最终实现治国理政的总体目标。可以说,法治与德治的关系问题,不仅是重要的学理性问题,更是关乎国家治理与社会发展的政治性问题。国家治理现代化这一重大的政治实践,便成为法治与德治结合

需要加以考虑的现实语境。

以政治实践定位法治和德治,并进一步从"政治"的角度诠释法治与德治相结合,无疑有助于把握当下中国法治建设的特殊语境。"法治是人类文明的重要成果之一,法治的精髓和要旨对于各国国家治理和社会治理具有普遍意义,我们要学习借鉴世界上优秀的法治文明成果。但是,学习借鉴不等于是简单的拿来主义,必须坚持以我为主、为我所用,认真鉴别、合理吸收,不能搞'全盘西化',不能搞'全面移植',不能照搬照抄。"①这里首先需要把握的是,当代中国法治建设所直面的宏观政治语境,它也是"法的中国性"的重要体现。中国共产党领导的国家治理现代化,成为法治与德治结合的政治语境,为现代国家治理乃至中国式现代化贡献出独特的理论方案与行动逻辑。这些"独特性",本身就是政治语境的体现,具体体现在以下几个方面。

第一,政府与政党的角色定位。一般而言,政府和政党是重要的政治主体,对其定位最能反映政治语境的特殊性。西方政府一直存在"守夜人"的角色定位,在现代国家治理的过程中追求"政治中立性"。法治建设注重在政治、法律、道德等规范性力量之间保持独立区分,尤其是要排除政治权力对法治建设的影响。与之不同,无论是现实的政治要求,还是过往的政治文化传统,我国的国家治理都特别注重政府的引导调节功能,强调政府

---

① 《习近平谈治国理政》第二卷,外文出版社,2017年,第118页。

有效介入社会生活的方方面面。政府在中国国家治理现代化过程中往往扮演着主导性的角色。政治、法律、道德三种力量在法治建设的过程中并不能完全区隔开来,它们既作为不同的国家治理形式而独立存在,同时,相互之间又呈现出内在的关联性,以政治为参照背景的法治与德治结合成为国家治理现代化的重要特征。

由中国共产党领导的国家治理现代化,是一场涉及多领域、多层面的复合型政治实践活动。其中,党的领导成为中国特色社会主义各项事业的根本保证。法治与德治服务于中国共产党领导中国式现代化、推进现代国家治理的执政目标;而执行目标又从根本上指导和规约了法治与德治等不同治理实践活动的有效开展。"党的领导是中国特色社会主义最本质的特征,是社会主义法治最根本的保证。"[①]"党领导人民制定宪法和法律,党领导人民执行宪法和法律,党自身必须在宪法和法律范围内活动,真正做到党领导立法、保证执法、带头执法。"[②]中国共产党既是中国特色社会主义的领导核心,也是国家治理现代化最为重要的政治实践主体。与西方政党基于选票本位观的"竞争型政党"不同,中国共产党是基于人民本位观的"使命型政党"。党对各项事业的统领地位,决定了当代中国法治与德治结合必然成为执政党落实政治纲领的重要内容。脱离了对执政党地位的认

[①]《习近平谈治国理政》第二卷,外文出版社,2017年,第114页。
[②]《习近平谈治国理政》第一卷,外文出版社,2018年,第142页。

同,也就抽离了法治建设的政治语境。

  第二,现代国家治理的伦理关怀。相比较西方法治追求中立性,当代中国法治建设,不仅具有鲜明的政治意蕴,同时承载着特定的伦理功能。法治作为国家治理的重要治理形式,承载着国家治理现代化所要实现的伦理使命——帮助人民群众过上幸福美好生活。当代中国的国家治理现代化,始终贯彻了中国共产党"人民至上"的执政理念。"人民立场是中国共产党的根本政治立场,是马克思主义政党区别于其他政党的显著标志。"[①]"一个国家选择什么样的治理体系,是由这个国家的历史传承、文化传统、经济社会发展水平决定的,是由这个国家的人民决定的。"[②]为人民服务是党领导人民进行国家治理现代化根本的价值追寻。"人民对美好生活的向往,就是我们的奋斗目标。"[③]"坚持人民主体地位,充分调动人民积极性,始终是我们党立于不败之地的强大根基。"[④]"人民是我们党执政的最大底气"[⑤],"始终要把人民放在心中最高的位置"[⑥]。可以说,中国共产党带领全国各族人民开展国家治理现代化的政治实践,始终体现着"以人民为中心"的伦理关怀。

[①] 《习近平谈治国理政》第二卷,外文出版社,2017年,第40页。
[②] 《习近平谈治国理政》第一卷,外文出版社,2018年,第105页。
[③] 《习近平谈治国理政》第一卷,外文出版社,2018年,第4页。
[④] 《习近平谈治国理政》第一卷,外文出版社,2018年,第27页。
[⑤] 《习近平谈治国理政》第三卷,外文出版社,2020年,第137页。
[⑥] 《习近平谈治国理政》第三卷,外文出版社,2020年,第139页。

从理论上说,国家治理现代化既是一项实现治国理政总体目标的政治实践活动,也是承载着执政党强烈伦理关怀的道德实践。"中国共产党治国理政的价值系统以马克思主义人民观为价值指向,吸收现代国家治理的现代性价值,熔铸中华优秀传统文化精髓,并最终以社会主义核心价值观为价值追求的基本表达方式。"① 在此,"以人民为中心"的伦理理念贯穿了国家治理现代化的实践全过程。在这过程中,法治与德治无外乎是执政党实现自身的价值理想,满足广大人民群众利益需求的重要手段。良法善治是法治的目标,全面依法治国作为基本方略,往往代表最广大人民群众的根本利益,这既是法治所要追求的价值目标,也是法治承载政治之善的重要体现。"要把体现人民利益、反映人民愿望、维护人民利益、增进人民福祉落实到依法治国全过程,使法律及其实施充分体现人民意志。"② 同样,公民道德建设以及社会主义核心价值观建设也始终站在人民的立场,表达人民群众的需要,反映人民群众的利益。习近平总书记指出,"使社会主义核心价值观成为人们日常工作生活的基本遵循""使核心价值观的影响像空气一样无所不在、无时不有"③。

第三,政治实践主体在现代国家治理中的地位与作用。政

---

① 叶方兴、高国希:《治国理政的价值基础——学习习近平关于治国理政的相关论述》,《毛泽东邓小平理论研究》2017年第6期。
② 《习近平谈治国理政》第二卷,外文出版社,2017年,第115页。
③ 《习近平谈治国理政》第一卷,外文出版社,2018年,第165页。

治系统的运行离不开人的作用,中国传统政治文化和现实的政治运作都十分注重政治实践主体的能动作用。无论是从理想形态层面对"明君圣主"的追求,还是实践层面选拔治国贤能,无不体现这一点。与西方政治文化过度依赖制度规范不同,我国的国家治理现代化并不单纯拘泥于外在的制度规范,还强调发挥政治实践主体的重要作用。党的十八大以来,习近平总书记特别强调干部队伍建设,指出"实现党的十八大确定的各项目标任务,关键在党,关键在人。关键在党,就要确保党在发展中国特色社会主义历史进程中始终成为坚强领导核心。关键在人,就要建设一支宏大的高素质干部队伍"[1]。同样地,法治建设与道德建设也特别需要发挥领导干部的关键作用。领导干部是治国理政的关键群体,应该成为尊法、学法、守法、用法的模范。"各级领导干部在推进依法治国方面肩负着重要责任,全面依法治国必须抓住领导干部这个'关键少数'。领导干部要做尊法学法守法用法的模范,带动全党全国一起努力,在建设中国特色社会主义法治体系、建设社会主义法治国家上不断见到新成效。"[2]习近平总书记还特别重视县委书记在基层法治建设中的重要作用,强调"依法治国的根基在基层。县委书记要做学法尊法守法用法的模范,善于运用法治思维谋划县域治理"[3]。此外,领导干

---

[1]《习近平谈治国理政》第一卷,外文出版社,2018年,第411页。
[2]《习近平谈治国理政》第二卷,外文出版社,2017年,第126页。
[3]《习近平谈治国理政》第二卷,外文出版社,2017年,第148页。

部也应该在道德建设领域发挥模范带头作用。"榜样的力量是无穷的,广大党员、干部必须带头学习和弘扬社会主义核心价值观,用自己的模范行为和高尚人格感召群众、带动群众。"①"领导干部要努力成为全社会的道德楷模,带头践行社会主义核心价值观,讲党性、重品行、作表率,带头注重家庭、家教、家风,保持共产党人的高尚品格和廉洁操守,以实际行动带动全社会崇德向善、尊法守法。"②可以说,强调干部队伍在法治与德治建设中的重要作用,既体现了政治实践主体在国家治理中的重要地位,也展现了中国政治文化传统与现实政治语境的独特性。

从根本上说,法治和德治之所以能够放置在政治的框架之下,源于政治本身所具有的价值意蕴。作为追求至善的实践事业,政治承载着人在共同体生活过上良善生活的价值之道。政治因其追求最高善,被亚里士多德视为"最权威的科学"③。人们在共同生活所需要的价值理想和价值原则,往往会借助多重形式加以实现,这个过程涉及"价值体系的外化和内化"④,分别指向外在的制度规范("法")和内在的人格德性("德"),两者均为人在共同体过上良善生活的价值实现方式。由此进一步引申,法律与道德这两种不同的价值实现方式,升格为法治与德治两

---

① 《习近平谈治国理政》第一卷,外文出版社,2018 年,第 164 页。
② 《习近平谈治国理政》第二卷,外文出版社,2017 年,第 135 页。
③ [古希腊]亚里士多德:《尼各马可伦理学》,廖申白译注,商务印书馆,2003 年,第 5—6 页。
④ 杨国荣:《哲学的视域》,生活·读书·新知三联书店,2014 年,第 41 页。

种不同的社会治理和国家治理方式。可见,法治和德治构成政治之善得以实现的具体路径,政治进而也构成了法治与德治得以展开不可或缺的"社会架构"。"我们从何处寻找法律的基础,我们对法律过程的理解,我们所给予法律的社会地位,都深刻地影响着政治共同体的形态和各种社会愿望的涉及范围。"①这样,作为政治实践两种不同的活动方式,法治与德治相互配合,服务于统一的政治目标。当然,突出强调法治与德治结合的政治语境,并不是要以"政治意志"代替"法律意志",破坏法治的独立性,也不是要将政治"全盘地伦理化",而是要在把握中国社会特殊性的基础上,展现法治、德治与政治之间的内在关联。这样,在把握法治与德治结合的时候,就有必要思考当代中国现实的政治体制与政治生态,考量契合法治建设的政治语境。

二、历史语境:伦理型文化传统的持久浸润

当前中国的法治建设是一个不断"吐故纳新"的实践过程,不可避免地会"遭遇"自身历史文化传统的浸润。在长期的社会历史演进过程中,中国社会形成了稳固的伦理型文化传统,并在此基础上型构出相对稳定的国家治理模式。尽管西方的法治建设也无法与道德完全脱节,但伦理型文化传统在中国社会所产生的持久、广泛、深远影响,却是其他社会不可比拟的。伦理型

---

① [美]诺内特、[美]塞尔兹尼克:《转变中的法律与社会:迈向回应型法》,张志铭译,中国政法大学出版社,2004年,第3页。

文化传统是中国社会最深的"底蕴",深刻地影响着当代中国法治建设。社会学在研究"政府行为"的时候,曾提出了"社会底蕴"的概念,认为正式的制度运作往往依赖于背后非正式的社会关系,这些隐匿或植根于背后的"非正式""非制度性"的社会要素,如文化、伦理、价值观等,才是制度真正得以运转起来的原因①。

中国传统社会是一个"伦理本位"的社会。伦理型社会以自然血亲关系为基本的组织原则,社会与国家是由家庭作为基本单元不断推广而成,家国同构、由家及国,伦理与政治等其他要素不分成为伦理型社会的根本特点。相应地,伦理型文化注重伦理规范的调节作用,强调人在社会治理中的重要地位。尤其是,父权力量或家长制在治理中扮演了颇为重要的角色。父权具有绝对的权威,在治理的过程当中按照严格的尊卑和等级观念进行"自上而下"的管控,其态度、意志、观念可以发生直接的效力。对父权的重视与"家天下"的社会组织结构密不可分。冯友兰曾指出,西方以城邦为中心来组成社会,而中国社会制度或许可以称之为"家邦",以此表明"家"在中国社会组织中的基础性地位。"在中国的社会制度下,是通过家族来理解国家的……社会组织是按人生来的地位,等级式地形成的,在一个家庭里,

---

① 周飞舟:《政府行为与中国社会发展——社会学的研究发现及范式演变》,《中国社会科学》2019 年第 3 期。

父亲的权威天然地高于儿子的权威。"①尽管在传统文化"天人合一"的解释中,君主、家长的意志也要循着一定的价值规范,合乎"天道""人道""民心"等价值原则,但不可否认,家长制、父权制本质上属于人治,君王、家长的主观随意性比较大,这种人治的色彩与现代法治的基本精神背道而驰,也为当代中国法治建设所警惕。

伦理型文化传统强调道德在社会生活和国家治理中的重要作用。道德不仅构成了人之为人的根本方式,也构成社会治理和国家治理的基本方式。在传统伦理型文化造就的"伦理政治"形态或伦理本位的社会结构之中,道德作为首要考量的要素为社会管理和国家治理提供方向性的价值指引。在儒家"为政以德"的经典命题中,"德"为"政"提供方向,保证政治实践合乎"仁"的价值规定性。在此,政治的价值意蕴往往通过道德力量加以担保。从观念的确定、执政计划的拟定、具体的操作实施以及政治实践活动的评估,完整的政治实践活动都离不开道德的介入。政治实践活动并不是技术化、工具化的实践策略,而是渗透了政治活动的价值目标,需要一定的价值规范加以约束和引导的伦理实践。伦理型文化传统深深地"嵌入"政治实践活动的运作过程,政治实践活动的每个环节、过程、要素都与道德发生

---

① 冯友兰:《中国哲学简史》,赵复三译,生活·读书·新知三联书店,2009年,第30页。

着内在关联。有别于西方近代社会以来将政治视为价值无涉的权力运作过程,我国传统政治形态也因此表现为"伦理政治"。此外,伦理型文化对道德的重视必然突出"人"在政治实践活动中的地位,强调政治实践主体的德性与能力。在中国传统社会,司法与行政不分,行政官员身兼数职,担负着立法、司法、执法等各项法律职能。官员既是政治主体,又需做出道德表率,自身的道德品质对法律实践常常起着决定作用。从这个角度看,在伦理型文化传统中道德对政治的影响,又体现为注重人内在的精神品格。

受伦理型文化的浸润,中国传统文化中的"制度"具有鲜明的伦理属性,制度的构成及其运行无法摆脱其应有的伦理维度。这点从儒家"礼"与"仁"的互动就可以看出:"礼"指向制度、规范、体制层面,而"仁"聚焦于人的内在的道德品质。一方面,儒家认为"克己复礼为仁",外在的制度规范必须要落实为道德主体的内在德性才能真正为人们所把握;另一方面,"人而不仁如礼何",如果没有"仁"的道德品质,"礼"作为制度规范也只是外在于人,很难得到真正落实。受伦理型文化的浸润,中国传统文化中的"制度"观念本身就具有鲜明的伦理属性,制度的构成及其运行无法摆脱其应有的伦理维度,这区别于西方法治建设中的制度观念。奠基于自由主义的西方法治文化,更多地偏执于制度的形式化、普遍化的维度,强调制度的普遍适用性,其内在的价值意蕴往往在现代社会"去道德化"的政治观念影响下,难以获得应有的重视。

伦理型文化传统既成为深植于中国传统社会的"社会底蕴",又构成当下中国社会开展法治建设的"文化底色"。尽管在中国社会现代化的历史进程中,传统社会的伦理色彩不断淡化,但不可否认的是,经由伦理型文化传统塑造出的中国人所独有的价值观念与行动逻辑,仍旧从根本上制约着当代中国的法治建设。诚如社会学家李强教授所言,"中国自古不是宗教社会,社会道德、信仰价值观的形成都依据于家庭伦理本位,家庭崇尚是民族崇尚的基础,家庭伦理本位的内在约束是中国人行为内在约束的基础,对法治社会的建设、对中华民族信仰信念构建的意义都至关重要"[1]。"以德治国"之所以能够进入"依法治国"进程中,与受伦理型文化传统浸润形成的"社会底蕴"密不可分。

在此,我们需要认真对待伦理型文化传统之于当代中国法治建设的重大意义。一方面,如果漠视伦理型文化传统,当代中国法治与德治结合将难以扎根于中国传统文化土壤,法治建设往往因为缺乏有效的文化接受机制,难以真正进入人们的内心,塑造人们的法治信仰;另一方面,如果过分夸大伦理型文化传统,无视中国现代性展开中不断遭遇"传统伦理实体逐渐消隐"的事实,一味追求"泛道德化"的思维,也会在根本上阻滞中国社

---

[1] 李强:《中国社会学学科建设的回顾与反思》,《广州大学学报(社会科学版)》2019年第5期。

会接纳现代法治的进程。毕竟,法治是现代国家治理的基本方略,是人类步入现代文明的基本标志。所以,把握法治与德治关系的合理态度,应当是尊重中国社会的伦理型文化传统,合理吸收并创造性转换有助于当代中国法治建设的道德要素。伦理型文化传统之所以延续至今,就在于它从根本上塑造了中国人独特的价值体系与行动逻辑,其中必然包含了可供现代法治借鉴的、合理的价值元素。西方法治建设在商业文明的推动下一开始就使个人摆脱血缘关系的"羁绊",以独立的、契约式的个体为单位,型塑出现代法治模式。与之不同,改革开放40多年来,我国虽然在社会主义现代化建设取得了突飞猛进的进展,但是社会主义市场经济的充分发展,并没有让中国社会出现西方式的抽象个体化的境遇。相反,在前现代、现代、后现代相互交织的复杂社会格局下,"关系式个人"仍旧发挥着重要的作用,伦理道德观念对政治发展与法治建设依旧发挥着重要影响。

　　事实上,法治与德治结合命题的提出,本身就是对伦理型文化传统的珍视与重新发掘。哈罗德·J.伯尔曼在《法律与宗教》中提出了"法律信仰"的命题,用以表明西方文明建设离不开宗教文化背景,相比较而言,中国社会发育法治必须得基于伦理型文化传统,法治与德治结合也正是当代中国法治建设考量伦理型文化的特殊性的重要体现。伦理型文化传统的意义在于,它摆脱了"就法律谈法律",而是"就伦理谈法律",揭示中国语境下法治与德治关系的内在亲缘性。"就伦理谈法律"契合中国传统社会的伦理型文化传统,在法治建设过程中,有助于把握当下中国社会所呈现出来的伦理惯性,汲取那些对现代国家治理有积极作用的合理的道德元素。

三、社会语境:当代中国"复杂现代性社会"的历史方位

作为价值实现的两种形式,法治和德治均体现并落实到现实的社会情境之中。它们在构成社会系统重要组成部分、深受社会系统影响的同时,又为社会系统的良性运行与有序发展提供保证。现实的社会语境成为法治建设、道德建设的前提,并对法治与德治的有机结合起着制约乃至决定作用。实际上,法治与德治结合命题的提出,植根于当代中国社会直面的现实社会背景。这个现实的社会背景就是当代中国社会所处的现代性发展阶段,特别是中国共产党带领中国人民开拓的中国式现代化进程。当代中国的国家治理现代化是一个吸纳现代性特质的社会发展过程,走向法治是其题中之义。现代文明是理性化的文明形态,无论是主体还是运作形式都体现出文明化的特征,逐渐走向一种成熟的、理性的国家治理方式。"良法善治"成为国家治理现代化的价值追求,其中,"善治"本身就包含"法治"这一重要的价值元素。

从当代中国所处的社会历史方位来看,社会现代化是人类文明的必经阶段和必然选择,当代中国社会正处于由传统文明形态向现代文明形态转换的"大转型"时期。从马克思的观点来

看,这是从"人的依赖"向"物的依赖"转变的历史过程,反映了人类社会发展的普遍规律。现代性之路本身就是多重的,与西方单一的现代性不同,中国现代性的发展之路体现出高度的复杂性,呈现出与众不同的独特逻辑。党的二十大报告指出:"中国式现代化,是中国共产党领导的社会主义现代化,既有各国现代化的共同特征,更有基于自己国情的中国特色。"比如,相比较西方现代性,中国社会的现代性并不是一种自发的、内生性的现代性。中国社会的现代性探索之路曾一度出现中断,导致了中国社会发展的主题发生了偏移。改革开放以来,中国社会现代性得以接续,并以强劲的速度加以推进,以几十年的时间走完了西方数百年的工业化历程,实现了社会生活的整体性变革。中国社会的现代性发展是一项立体式、全方位、多领域的系统工程。由此,有别于西方"国家-社会"二分的社会结构,中国社会的现代性,型塑出以多重质地的社会要素相互交错为基本特征的"复杂现代性社会"。

"复杂现代性"是由国内哲学界提出的用以表达当下中国社会所处的特殊发展阶段的分析框架,"强调'现代性'在空间、时间和内在结构上的特殊性、多样性和实现过程的阶段性和不确定性(包括试错),是'复杂现代性'概念对现代性在经历与不同文化相结合的历史演变和当代呈现形态的一种把握"①。它旨在

---

① 冯平、汪行福等:《"复杂现代性"框架下的核心价值建构》,《中国社会科学》2013年第7期。

表明中国社会的演化和结构形态等特性,是一种前现代性、现代性、后现代性相互交织的社会形态。我们用"复杂现代性社会"以表明,当代中国社会并不是单一化、同质性的,而是复杂化、多元交织的社会形态。整个社会是一个多元交错、不平衡的复杂系统。这种"复杂性"常常体现在:既有前现代社会农业生产方式、熟人交往、伦理本位等要素,又有以工业化、城市化和市场经济作为主导的现代性特征,同时还存在个性化、审美化、碎片化等后现代特征。具体地看,可以从如下几个角度进一步分殊。

其一,在"传统"与"现代"的关系问题上,当代中国社会形态正处于"传统"向"现代"转型过程,传统和现代在当下中国并非二元对立,而是相互交错。现代性成为主导性的发展趋向,但传统却并没有被舍弃或遗忘,而是依旧被继承和守望。特别是,"传统"之于"现代"的影响,更多地体现在深层次的价值观念层面,成为社会现代化进程中需要加以珍视和继承的合理元素。

其二,在"国家"与"社会"的关系问题上,当代中国社会并不像西方社会一样,存在着与国家相对独立的广泛、自主的社会领域,并出现"国家-社会"二元对立的社会结构。虽然市场经济的充分发育使社会的自主性不断增强,但国家的主导性与社会的自主性往往呈现出协同并进、良性互动关系。从根源上来看,"国家-社会"二分法是西方文明演化过程中出现的分析框架。而中国现代性语境下的"国家-社会"关系,明显区别于西方"弱国家-强社会"的社会结构。

其三,在"个体"与"社会"的关系问题上,当代中国社会并没有分离出原子化的个人,社会交往依旧具有强烈的关系属性。受长期以来伦理型文化的浸润,"关系"理念一直为中国文化所坚持,对人们的日常生活产生重要影响。"迄今为止的中国社会乃是区别于'市民社会'的'伦理社会',而且其现代变迁并不趋向于造就原子个人一途,因而并不归结为与政治国家相分离的市民社会。在此意义上可以说,不存在原子个人乃是理解中国社会的钥匙,而中国社会转型的可能性正在于它成为市民社会的不可能性。"① 可以说,当代中国社会现代化过程中并没有出现西方社会的原子化状况。这也使得转型中国的"复杂现代性社会"呈现出双重效应:一方面,市场经济的发展,民主法治观念的增强,使得个体观念不断得以强调;另一方面,关系本位、伦理本位依旧对人们的社会生活产生重要影响。

当下中国社会所具有的"复杂现代性"特征,意味着社会治理和国家治理往往无法采用单一化的实践形式。西方法治文明的背后存在多重社会预设:"国家-社会"二分,原子化、契约式的个人,政治中立性等。这些社会语境显然有别于当下中国社会所处的"复杂现代性社会",而后者恰恰为当代中国法治与德治结合提供了可能性。首先,在现代社会的各个领域中,制度与生

---

① 吴晓明:《从社会现实的观点把握中国社会的性质与变迁》,《哲学研究》2017年第10期。

活(即哈贝马斯意义上的系统与生活世界)相互交织。现代性经过长期的发育,使中国社会逐渐形成了科层化、理性化的现代制度规范体系,这也是现代文明必然带来的重大成果。除此之外,社会系统中依旧存在广阔的日常生活空间,这一"领地"常常具有日常化、世俗化的特点。对之展开治理,单一的制度规范常常难以奏效,利用习俗、伦理、习惯等规范体系更能发挥作用。其次,中国的"复杂现代性社会"不同于西方的"陌生人社会",它往往是熟人和陌生人相互交织的状态,这也使得在治理活动仅仅依靠基于陌生人假设的法律规则难以有效发挥作用。实际上,尽管现代社会出现了开放的公共领域,社会关系的陌生人化随之成为现代社会的突出特征。但不可否认的是,熟人之间的事务仍旧大量存在,而且由于伦理文化的惯性作用,大量"陌生人关系"都被转化为"熟人关系",且都运用熟人的交往规则加以解决。这些都为伦理道德的介入预留了空间。

如前所述,中国社会以伦理为本位,伦理构成社会的组织原则。尽管在现代性的语境下,领域分离、社会分工、人员流动是社会发展的必然现象,冲击着社会联结的伦理纽带,但对中国社会来说,伦理道德作为塑造社会结构的决定性机制并没有受到根本性影响。伦理关系在现代社会可能会退隐至"后台",但并没有在根本上消失,而是潜移默化着中国人的言行。市场经济的充分发展并没有让人们挣脱伦理的"羁绊",中国社会的现代性展开并未出现纯粹原子化的个人、机械团结式的社会关系。

相反,人们在政治、经济、社会、文化等不同生活领域当中,都或多或少地"窥见"伦理道德的巨大影响,伦理道德的嵌入也使得这些领域呈现出独有的形态。虽然其合理性还可以作进一步考察,但毋庸置疑的是,从形态上来看,它确乎赋予了中国社会特殊的呈现形式。可以说,"复杂现代性社会"规约了当代中国国家治理应当采取多元化的治理形式,成为法治与德治结合的社会语境。

四、文化语境:价值观建设与治理实践的同步性

一般来说,对"治理"的理解,可以有形式和实质双重维度:从形式上看,"治理"表现为一整套的管理、组织、技术、规范等形式,而从实质层面看,主要指向治理实践活动所内蕴的价值理想和价值原则。从价值论的角度看,德治与法治可以视为两种不同的价值实现方式①。无论是法治,还是德治,均是旨在将政治之善——即人在政治共同体生活所需要的合理需求——有效地表达和实现的实践过程。事实上,法治与德治结合之所以可能,就在于二者所体现的价值内涵,在于二者承载并实现一定社会发展阶段人们的合理需求。相应的,一个社会的价值观建设往往与不同的治理形式呈现出有效配合、相互支撑的关系。

---

① 高国希:《作为社会价值形态的道德与法律》,《华东师范大学学报(哲学社会科学版)》2019年第6期。

从根本上说,价值观建设是国家治理的重要组成部分。在国家治理的各项事务中,思想文化建设无疑处于根基性的地位,而思想文化建设的根本就在于价值观建设。一方面,价值观建设与法治、德治均属于现代国家治理的范畴;另一方面,价值观建设、法治和德治又呈现出互动性。价值观建设的核心旨在确定社会的价值共识、凝练社会的核心价值观,并将其纳入国家治理的各种实践活动之中,而法治和德治则成为价值观建设的实践方式。从这个角度来看,法治与德治结合需要考虑当代中国价值观建设的实际状况,合理把握价值观建设与法治、德治之间的内在联系,寻找出三者在中国语境下的独特性。"社会价值观建设作为社会治理的重要内容,事关社会秩序的和谐和国家政权的稳定,如何建立一种既能得到全社会共同认同又能有效整合社会秩序的主导性社会价值观成为社会价值观建设的重要方向。"[①]价值观建设不仅为当代中国国家治理提供稳定前提,而且也为社会管理和国家治理确定根本性的价值原则,为各种形式的治理活动提供方向性指引。

价值观建设也是当代中国现代性社会发展必须完成的重要任务。建构具备现代精神气质的价值体系,推进社会主义核心价值体系建设,既是国家治理现代化得以展开的价值基础,也成为国家治理现代化的重要任务。如前所述,当代中国社会的现

---

① 王处辉、梁官宵:《主导性社会价值观建设路径探析——以社会价值观三形态学说为基础》,《江海学刊》2019 年第 4 期。

代性突出地表现为"复杂现代性",即多重社会要素交错在一起,社会呈现出"多质地"的复杂形态。与这一社会状况相适应,价值观领域也呈现为多重要素杂糅的复杂局面。如何在转型社会期获得价值共识,培育践行社会主义核心价值观,深入推进社会主义核心价值观铸魂育人,仍旧是当代中国意识形态建设的重要任务。其中,社会主义核心价值观建设是凝心聚力、塑造秩序、传承文化、培育认同的重要方式,是当代中国现代国家治理的价值根基。习近平总书记强调,"培育和弘扬核心价值观,有效整合社会意识,是社会系统得以正常运转、社会秩序得以有效维护的重要途径,也是国家治理体系和治理能力的重要方面"[①]。在此,社会主义核心价值观表现为一个系统化、层次化的结构,它既涉及国家、社会、个人等各个层面,又充分吸收中华优秀传统文化的价值内涵,反映当前各社会群体共同的价值追求,是当代中国社会的价值共识。

可以说,一方面,价值观建设成为当代中国法治与德治结合的思想文化语境,另一方面,对社会主义核心价值观的指认,也使得法治与德治结合具备了中国独有的价值形态。社会主义核心价值观不仅成为法治、德治的"内核",也是法治与德治之所以结合的基础。社会主义核心价值观被赋予"德"的地位,"核心价值观,其实就是一种德,既是个人的德,也是一种大德,就是国家

---

① 《习近平谈治国理政》第一卷,外文出版社,2018年,第163页。

的德、社会的德"①。"要深入实施公民道德建设工程,深化群众性精神文明创建活动,引导广大人民群众自觉践行社会主义核心价值观"②。当代中国道德建设的最大任务,就是培育与践行社会主义核心价值观,"德治"在某种意义上表现为,以社会主义核心价值观引导广大社会成员,推进社会主义核心价值观落细落小落实。

与此同时,社会主义核心价值观也是"良法善治"得以生成的根本要件。2018年5月,中共中央印发了《社会主义核心价值观融入法治建设立法修法规划》,该文件强调,要着力把社会主义核心价值观融入法律法规的立改废释全过程,推动社会主义核心价值观全面融入中国特色社会主义法律体系。法治建设应该积极贯彻社会主义核心价值观,使其为法治建设提供"灵魂"。"在推进依法治国过程中,必须大力弘扬社会主义核心价值观"③,"把社会主义核心价值观贯穿其中,使社会主义法治成为良法善治"④。因而,法治建设离不开社会主义核心价值观的支撑和滋养,大力推进社会主义核心价值观建设也必然借助法律的手段。加强社会主义核心价值观制度化建构,"要用法律来推

---

① 《习近平谈治国理政》第一卷,外文出版社,2018年,第168页。
② 《习近平谈治国理政》第二卷,外文出版社,2017年,第135页。
③ 《习近平谈治国理政》第二卷,外文出版社,2017年,第117页。
④ 《习近平谈治国理政》第二卷,外文出版社,2017年,第134页。

动核心价值观建设"①,也从一个方面反映了价值观建设与法治建设的内在关联。

可以看出,价值观建设、法治建设、德治建设三者往往相互影响、相互融合。西方社会的法治建设,一般循着"价值观建设—法律制度体系与公共政策体系—公民美德塑造"的"线性式轨迹",即启蒙运动确立了资产阶级追求的自由、平等、权利、法治等价值共识,随之制定法治所需要的制度规范体系,并构建公共政策体系进一步落实,伴随制度运行出现惰性或困境,培育法治建设所需要的公民美德在当代"呼之欲出"。而中国社会在快速发展的现代化进程中,"复杂现代性"特征日趋明显,这使得当代中国国家治理现代化进程中,出现价值观建设和法治建设、德治建设齐头并进、协同建设的复杂局面,由此也决定了中国社会的法治建设不同于西方社会法治建设的"线性式轨迹",而是呈现出与"复杂现代性社会"相一致的"复调式轨迹"。可见,法治与德治结合无法脱离价值观建设这个根本主题,社会主义核心价值观建设、法治与德治,在国家治理现代化进程中相互影响、相互作用,进而成为当前法治与德治结合必须加以考量的思想文化语境。

---

① 《习近平谈治国理政》第一卷,外文出版社,2018年,第165页。

第二节　社会基础：当代中国全面依法治国的社会背景

党的十八届四中全会通过的《中共中央关于全面推进依法治国若干重大问题的决定》提出，全面推进依法治国，总目标是建设中国特色社会主义法治体系，建设社会主义法治国家。习近平总书记在党的二十大报告中强调，坚持全面依法治国，推进法治中国建设。党的二十届三中全会在全面依法治国上作出一系列重大理论创新，将坚持全面依法治国确定为进一步全面深化改革"六个坚持"的重大原则之一，明确提出"法治是中国式现代化的重要保障""在法治轨道上深化改革、推进中国式现代化"等重要论断。目前，全面依法治国已经进入社会生活的各个领域，逐渐成为人们社会生活的基本规则。

法治总是具体的、历史的，植根于特定的历史文化传统，及现实的社会生活实践，并与一定的社会生产方式相适应。习近平总书记强调，"走什么样的法治道路、建设什么样的法治体系，是由一个国家的基本国情决定的""全面推进依法治国，必须从我国实际出发，同推进国家治理体系和治理能力现代化相适应，既不能罔顾国情、超越阶段,也不能因循守旧、墨守成规"①。习近平总书记在中央全面依法治国委员会第一次会议上,指出"全面推进依法治国必须走对路。要从中国国情和实际出发,走适合自己的法治道路,决不能照搬别国模式和做法,决不能走西方'宪政'、'三权鼎立'、'司法独立'的路子"②。可见,全面依法治国必须结合实际情况,充分考虑充分把握世情、国情、党情。在全球化的深度发展和社会转型期的系统推进时期,传统与现代、东方与西方之间互相激荡,如何在一个复杂、多元、深刻变化的社会背景下推进全面依法治国必须考虑语境的适切性,充分尊重传统、立足实际、基于国情。

一、法的社会性与法治中国的"语境自觉"

法律社会学认为,法治作为一项社会事业,植根于特定的社会土壤,需要一定的社会条件与之相适应。在此意义上,一定的法治观总是以一定的社会观为基础。德国法学家卢曼在揭示法律与社会关系时,曾指出"我们知道,法律是在社会中运作,实现社会,在这里履行着一种社会职能,并且为了这一职能而从社会中分立出来,进行着自己特有的、自我生成的再生产"③。欧根·埃利希在《法社会学原理》开篇的序言就曾指出:"在当代以及任

---

① 《习近平谈治国理政》第二卷,外文出版社,2017年,第117页。
② 《习近平谈治国理政》第三卷,外文出版社,2020年,第284—285页。
③ [德]卢曼:《社会的法律》,郑伊倩译,人民出版社,2009年,第293页。

何其他的时代,法的发展的重心既不在于立法,也不在于法学或司法判决,而在于社会本身。"①

一般来说,法律是用以调整人们权利义务关系的社会规范体系。法律反映社会成员的利益关系,表达人们现实的社会需要。法律的运行离不开社会,需要社会系统的支撑,离不开政治系统、市场经济、思想文化等社会要素的配合,并借助各种权力机构、社会组织、教育环节加以具体落实。法律既是社会系统的构成性要素,又在社会中运行,并对社会系统的持存与发展起到重要担保作用。博登海默将法律视为"秩序与正义的综合体","一个法律制度若要恰当地完成其职能,就不仅要力求实现正义,而且还须致力于创造秩序"②。可以说,法律作为调整社会成员利益关系的手段,致力于实现秩序、安全、自由、正义、福祉等基本价值。

作为一项社会实践活动,法律的社会性决定了,以法律运行为实质构成的法治也相应地体现出社会性。法治是法的统治(rule of law),是将人们的社会生活纳入到法律框架下,按照法律的原则、规范、要求进行活动的治理方式。任何法治都绝非凭空、抽象的,而是依托一定的社会语境,体现强烈的社会性。一方面,社会对法治起决定作用。作为上层建筑范畴,法律归根结

---

① [奥]欧根·埃利希:《法社会学原理》,舒国滢译,商务印书馆,2023年,序言。
② [美]E.博登海默:《法理学:法律哲学与法律方法》,邓正来译,中国政法大学出版社,1999年,第318页。

底是由经济基础决定。唯物史观认为,"法的关系正像国家的形式一样,既不能从它们本身来理解,也不能从所谓人类精神的一般发展来理解,相反,它们根源于物质的生活关系"①。法治体现对社会的依赖性,脱离了现实的社会基础,尤其是物质资料的生产方式抽象谈法治是没有意义的。另一方面,法治对人们的社会生活具有重要的塑造作用。法治作为一项人们使用法律的社会实践活动,它在被社会决定的同时,又反过来塑造人们的社会生活。吉登斯的结构化理论认为,社会结构本身就包含了支撑并维护社会运行的规则系统,"社会系统的结构性特征对于它们循环反复组织起来的实践来说,既是后者的中介,又是它的结果。结构并不'外在于'个人……不应将结构等同于约束。相反,结构总是同时具有约束性与使动性"②。法治让人们的行为置于法律的框架之下,让我们远离专制、蒙昧的社会环境,免于被权力支配的政治高压,塑造出开放、自由的现代社会结构,也为现代人提供一种文理性、明的生活方式。

从西方法治建设的历史经验来看,法治是现代西方文化走向文明、成熟的重要推动力,它深深地植根于西方文化自身的文明传统之中。西方文明中一贯存在理性主义的文化传统,它们为近代法治文明的出场提供思维方式的担保。中世纪悠久的神

---

① 《马克思恩格斯文集》第 2 卷,人民出版社,2009 年,第 591 页。
② [英]安东尼·吉登斯:《社会的构成——结构化理论纲要》,李康、李猛译,中国人民大学出版社,2016 年,第 23 页。

学,让"律法""规则"等意识深入人们的日常生活之中。近代发达的商品经济,培育人们的契约意识、独立人格、产权意识等,成为现代法治得以生根的经济基础。随着市场经济的发展,社会成员的个体性不断增强,现代社会分化出的市民社会为法治的出现提供了重要的社会基础。在民主化、平等化思想的影响下,基于人们同意(consent)的政府权力,为法治的运行提供了政治保障。实际上,西方法治之所以出现,是多元化的社会力量合力塑造的产物。民主政治、市场经济、市民社会、个体自主等,都成为现代法治得以运行不可或缺的社会基础。

对贯彻全面依法治国而言,中国法治必须契合自身的历史与现实,既植根于中国社会悠久的历史文化传统,又满足当代中国现实社会发展的需要。"法律哲学的根本问题,同一切文化性质的'身份'问题和政治性质的'认同'问题一样,都来自活生生的具体的世界空间的体验:来自中国法律制度于当下的具体有限的时间性,同时也来自中国法律制度所负载的历史经验和文化记忆。"[①]全面依法治国的提出,是一个普遍性与特殊性结合的命题,即法治作为普遍性的社会治理的方式和中国本土的有机结合。也就是说,全面依法治国旨在探索具有中国文明主体性的法治模式,不存在普遍的法治道路,也不是简单移植西方的法治模式。只有从社会历史的角度,进入法治建设所赖以存在的

[①] 邓正来:《中国法学向何处去——建构"中国法律理想图景"时代的论纲》,商务出版社,2006年,第4页。

社会肌体之中,才能彰显法治的社会性,揭示法治建设内在的社会运行机制。可以说,立足中国本土化的社会语境,是理解并实践当代中国法治建设的重要视角。法治建设应该在充满复杂性的现代社会中融入"古今中西"的合理元素,塑造普遍性和特殊性相统一的法治形态。一方面,全面依法治国要遵照现代法治国家建设的一般规律,善于从西方现代法治建设的历史经验中汲取积极元素,广泛借鉴吸收人类法治文明共享的文明成果;另一方面,法治中国建设应该彰显本土特色与中国元素,立足中国社会现实与历史文化传统,表达中国人自己的生存境遇和生命关切。

这就要求,全面依法治国、法治中国建设应保持清醒、敏锐的"语境自觉",对法治面对的社会结构、社会条件以及社会历史文化传统抱有清晰、明确的自我认知,在把握法治的社会性、结合法治背后的社会支撑系统基础上建设法治国家。法律不是供起来的"木主",神圣得高不可攀;法治也从来不是供人观赏的景观,缺乏具体的实用价值。事实上,法律的生命贵在运行,法治的真谛在于落实。只有真正进入特定的社会语境,依据特定社会条件对法治提出的具体要求,才能使法治真正运转起来,法律也将在具体的制定、适用、执行的过程中展现法律的生命。一旦脱离了社会土壤,法治就会变得机械、僵死,沦为"无源之水""无根之木"。同时,全面依法治国应当立足"中国语境",植根中国社会的历史文化传统与现实的社会语境,以法治的"中国表达"

讲好法治的"中国故事"。法治尽管是人类社会普遍化的社会治理方式,但中国的法治与西方法治在存在共通性的基础上,还存在社会语境上的差异性,这就要求法治中国应该彰显"法的中国性"①。

"语境自觉"究其根本,是法治的社会语境自觉。一旦缺失法治的"语境自觉",全面依法治国就会因缺失应有的社会基础,难以真正地落地生根。当前,随着全世界范围全球化深度推进,人类历史已经进入世界历史阶段,不同的国家、民族交往频繁,思想文化观念互相激荡,法治中国的"语境自觉"深层次凸显的是中国的主体性自觉。这里的主体性自觉,根本上是文化自觉乃至文明自觉,坚定中华优秀传统文化的自信,构建中华民族现代文明的主体性。习近平总书记在文化传承发展座谈会上指出:"在新的起点上继续推动文化繁荣、建设文化强国、建设中华民族现代文明,是我们在新时代新的文化使命。""坚定文化自信的首要任务,就是立足中华民族伟大历史实践和当代实践,用中国道理总结好中国经验,把中国经验提升为中国理论,既不盲从各种教条,也不照搬外国理论,实现精神上的独立自主。"②在此,法治建设的主体性承载着中华文明的主体性,蕴含了中国共产党人带领中国人民探索当代中国法治建设的精神自主性。如果一味地以西方的法治为蓝本,不仅法治无法落实,而且容易"法

---

① 王人博:《法的中国性》,广西师范大学出版社,2014年,序言。
② 习近平:《在文化传承发展座谈会上的讲话》,人民出版社,2023年,第10页。

律殖民主义",整体上陷入西方现代性支配的"窠臼"中,从而丧失中国的主体性和中华民族现代文明的自主性。法治是一个国家社会发展的重要构成部分,也是社会历史文化传统的重要体现。法治的主体性不过是中国主体性的表现而已。在全球化时代,如果缺失了对法治中国、全面依法治国应有的"语境自觉",结果将会被西方价值霸权、文化软实力倾轧,陷入西方的法律殖民主义,消解其蕴含的"中国性",最终丧失中国的主体性。

二、从传统到现代:法治中国的社会语境转换

从人类文明史来看,现代法治的出现是在人类社会由传统向现代社会转型中开启的。传统社会向现代社会的转变,是一个现代性不断孕育与展现的社会历史过程。社会学家们用二元对称的方式加以表达,在他们看来,传统社会向现代社会的过渡是一个由神学、形而上学到实证主义(孔德)、军事向工业(斯宾塞)、共同体向社会(滕尼斯)、身份向契约(梅因)、神圣向世俗(拜克尔)、乡村向城市(雷德弗尔得)、机械团结向有机团结(涂尔干)转变的过程。

现代法治是以现代性社会为基本的社会语境。在韦伯看来,现代社会是理性化的社会,"我们这个时代,因为它所独有的理性化和理智化,最主要的是因为世界已被除魅,它的命运便是,那些终极的、最高贵的价值,已从公共生活中销声匿迹,它们或者遁入神秘生活的超验领域,或者走进了个人之间直接的私

人交往的友爱之中"①。以制度的方式而不是传统的道德规范作为维系人与人之间纽带,成为现代社会的基本特征。与传统社会相比,现代社会的组织形式发生了很大的变化。传统社会以农业为基本的生产方式,人依赖土地而生,在耕种土地中养成了社会流动性较小、人与人相互熟悉熟人社会关系网络。传统社会以宗法血缘为纽带,人与人之间的社会交往依赖道德规范。但现代社会建立在商品交换与资本流动基础上,社会流动性较大,个体从社会结构中摆脱出来,自主性与独立性不断增强,互不熟悉的陌生人之间订立的契约是维系人与人之间的基本纽带。

制度化是现代社会基本特征。当现代社会割断传统社会的宗法血缘纽带,挣脱伦理的情感羁绊之后,制度无疑将会是社会交往与国家治理最便捷、最经济和最有效的方式。现代文明正是在以制度作为基本的治理手段之上,构筑起现代社会的理性化的文明大厦。"是法律规则使当代社会成为可能。……一旦理解了现有的法律规则,我们就会看到一个旨在保护我们安全的庞大规则体系。"②在法律的框架下生活,成为现代人的基本信条,法治也由此成为现代文明的重要标志和现代人的生活方式。

可以说,现代法治是在社会现代性的社会语境中不断孕育、

---

① [德]马克斯·韦伯:《学术与政治——韦伯的两篇演说》,冯克利译,生活·读书·新知三联书店,2005年,第48页。
② [荷]本雅明·范·罗伊,[美]亚当·费恩:《规则为什么会失败:法律管不住的人类行为暗码》,上海三联书店,高虹远译,2023年,第5页。

生成和发展的,现代性社会成为现代法治得以生根的社会基础。对于我国而言,中国特色社会主义伟大实践是全面依法治国、法治中国建立的实践基础与支撑力量。毋庸置疑,我国正处于传统社会向现代社会转型的关键时期,不仅现代性社会发育的基本特征正在逐步显现,而且中国社会转型的速度、强度、广度以及深度与西方社会转型存在着与众不同的特殊性。中国社会在40多年里高度浓缩了西方国家300多年的现代化历程,传统与现代、东方与西方竞相汇聚在高度压缩的时空之中。这就使得中国的现代性发展既展现出人类社会迈入现代性社会的一般特征,同时也体现出自身的复杂性与特殊性。现代性的历史反映了人类社会的共同境遇,蕴含了具有普遍性的文明元素。中国式现代化定然要注重汲取一切优秀的文明成果,"我们不仅愿意继承中华民族的优秀文明成果,推动中华文明创造性转化和创新性发展,也愿意更加积极主动地学习借鉴世界一切优秀文明成果,了解世界上不同民族的历史文化,取其精华,从中获得启发,为我所用,从而让中华文明同世界各国人民创造的丰富多彩的文明一道,为人类提供正确的精神指引和强大的精神动力,共同构建你中有我、我中有你的人类命运共同体"。与此同时,由于政治体制、文化传统、公民素养等各异,现代性的模式并不单一,不同国家踏上现代化道路的方式也各不相同。党的二十大擘画了中国式现代化的新征程,中国式现代化既有世界各国现代化的普遍性特征,即人类社会现代化道路有其相似之处,都是在社会转型过程中不断获得现代性特质的过程,又体现基于国情的中国特色。较之西方现代性,中国的现代性在发生发展的过程中呈现出自己的特殊性。

第一,中国现代性是被动接纳型的现代性。如果说,西方现代性是内生性的现代性,有其内在需要的话,从1840年中国进入世界结构、天下体系的崩溃开始,中国现代性并不是源于工业革命的需要,而是为应对西方列强入侵,是被动式的接纳。这区别于西方现代性的展开序列。西方社会是伴随着资本主义发展、市场扩张、资本拓殖步入现代社会的,它的法治建设很大程度是为了满足不断发展的资本主义经济。约束封建专制皇权与神权、保障资产阶级的利益和产权,成为法治最初的社会使命。虽然我国明末清初曾出现资本主义萌芽,但在强大的封建专制下的农业生产方式已经占据主导。我国的现代性是伴随帝国主义的入侵,在被动地对抗西方侵略的过程中作出的消极反应。这种被动接纳现代性、进入现代社会的姿态让中国社会的现代性萌发呈现出明显不同的特点。改革开放以后,随着社会主义市场经济的确立,中国特色社会主义得到显著的发展,中国现代性也在不断的展开过程中,并取得举世瞩目的成就。但毋庸置疑的是,与西方国家经历了几百年的工业化之路相比,我国的现代性还处于初步显现的阶段,成就伴随着问题都在逐渐暴露之中。

第二,中国自身历史文化传统的强大。西方现代性是多重社会力量通过反复博弈、权衡甚至革命形成的,由市场经济经过几百年发育塑造而成。与之不同,中国社会存在几千年的封建传统,形成了"超稳定社会结构"(金观涛语)。当然,从法治的社会性来说,法治建设应当对传统抱有必要的批判性继承,而非一味否弃。强大的历史文化传统不能简单地认为是法治建设的障碍。马克思曾说过:"人们自己创造自己的历史,但是他们并不是随心所欲地创造,并不是在他们自己选定的条件下创造,而是在直接碰到的、既定的、从过去承继下来的条件下创造。一切已死的先辈们的传统,像梦魇一样纠缠着活人的头脑。"[1]一些人会以西方现代法治观来否定我们自身的文化传统,但殊不知,法治若不根植于一定的历史文化传统,就难以真正扎根于社会之中。法律反映人类生活的历史积淀,法治建设过程中对于历史文化传统,需要辩证地加以审视。一方面,要尊重中华法系的历史特征,继承并发扬中华优秀法律文化。"中华法系是在我国特定历史条件下形成的,显示了中华民族的伟大创造力和中华法制文明的深厚底蕴。中华法系凝聚了中华民族的精神和智慧,有很多优秀的思想和理念值得我们传承""历史和现实告诉我们,只有传承中华优秀传统法律文化,从我国革命、建设、改革的实践中探索适合自己的法治道路,同时借鉴国外法治有益成果,才能为全面建设社会主义现代化国家、实现中华民族伟大复兴夯实法治基础。"另一方面,也应充分认识到传统社会毕竟缺乏现代

---

[1]《马克思恩格斯文集》第 2 卷,人民出版社,2009 年,第 470—471 页。

法治传统。中国古代文明是一种根源于自然经济、宗族社会结构的伦理型文明,民主法治资源相对稀缺,法治建设必然需要汲取现代性文明的有益成果。

第三,中国现代性展现过程的复杂性。现代性的发展史表明,深受儒家文化影响的东亚文化圈在探索现代性的道路上,因其自身特殊的政治文化传统,逐渐摆脱了西方单一化的现代性模式,现代性由此呈现出多元主义的特征。中国社会的现代性是传统、现代、后现代熔为一炉的复杂现代性,问题与成就并存成为转型中国社会的突出特征。一方面,当代中国社会处于现代社会。步入现代社会,接纳现代性,占有并享受现代性带来的文明成果,是人类文明普遍经历的社会历史阶段。在此意义上,政治民主化、市场经济、文化多元、社会领域发育等现代性特征,在当代中国社会逐渐凸显成为必然趋势;另一方面,当代中国社会现代性又表现出自身独有的复杂性。中国的现代性之路自然要遭遇西方现代性从未遇到的问题或挑战,需要面对深厚的历史文化传统、社会利益关系复杂化、不确定性增加以及智能社会的出现等各种特殊情况。

随着中国现代性的逐步展现,我国的社会结构、社会交往方式也在发生深刻的变革,这些都成为当代中国法治建设需要面对的社会背景。从宏观上来看,随着社会主义市场经济的逐步发展,出现崭新社会结构特征。社会转型是领域合一走向领域分离的过程,社会领域日渐发育出相对完整与自足形态。这个领域是公民发挥其主体性,进行自由对话、协商以及论辩的场域,各种慈善公益组织大量出现参与社会服务。党的二十届二中全会决定组建中央社会工作部,作为党中央职能部门,省、市、县级党委组建社会工作部门。党的二十届三中全会通过的《中共中央关于进一步全面深化改革 推进中国式现代化的决定》对社会工作领域改革发展提出明确要求,作出"健全社会工作体制机制"等一系列部署,为新时代社会工作高质量发展指明了前进方向。就微观而言,网络自媒体正在改变中国人的生存方式。2024年8月29日,中国互联网络信息中心(CNNIC)发布了第54次《中国互联网络发展状况统计报告》。该报告显示,截至2024年6月,我国网民规模近11亿人(10.9967亿人),较2023年12月增长742万人,互联网普及率达78.0%。网络信息技术蓬勃发展,已经以前所未有的态势进入人们生产生活的各个角落,逐渐改变了人类的生活方式乃至整个生存方式。人们的社会交往方式不仅已经跨越时空,以迅速的社会连接快速完成了吉登斯意义上的"脱域",而且伴随媒介化和数字化的加深,"万物皆媒""一切皆数"的思维深入生活的方方面面,以技术化、网络化的运用为载体,中国人的生存方式出现新的形态——虚拟生存。

三、当代中国法治建设的社会基础及其实践考量

从法治的社会性角度看,中国社会语境的特殊性使得当代

中国法治建设面对诸多特殊的现实、历史的特殊境遇。这就意味着,与西方社会的法治建设相比,社会语境的差别,会使得很多问题难以在西方法治框架及其话语体系中得以合理求解。这些特殊的历史与现实的语境,正是当代中国法治建设加以考量的社会基础。

第一,中国传统文化中宗法血缘因素发生持久影响。中国历史文化传统当中的非常强调身份社会的传统,在宗法血缘基础上,人们形成一套带有潜规则性质的行为方式。法治将法律视为人们生活的基本方式,塑造着人们按照规则行事的行为习惯。但转型期的中国社会,潜规则的盛行掣肘现代法律制度发育。在社会转型还处在过程中的中国社会,人们的思维方式、价值观念、文化品格依旧是传统乡土社会的人情伦理,社会交往依赖熟人社会的道德礼俗,由此形成强大的伦理文化惯性,将在很长时期内制约现代制度文明的发育。有人将时下的一些社会问题归结于理论与实践的分离,人们说一套,实际做一套,规则制定的是一套,实际做法是另一套。制度之所以未能有效地植入现代社会,在于中国人基本的交往规则依旧依靠人情、关系、面子。这样,正式的规则也就容易被社会交往中伦理、文化、习俗等非制度性规范所支配。应当指出,这些非制度性规范有一些确乎是中国传统文化"实用理性"的体现,反映了中国人的生存性智慧。在我们文化传统当中,中国人遵守的中庸之道、生存理性,撇开规则按照情理逻辑行动,自然也契合传统农耕文明的基本特点。但随着全面依法治国的推进,人们规则意识、法治素养的不断提升,应当辩证地对待非制度性的行为方式,可以将那些合理的因素,尤其是中国社会人们日常生活的实践智慧纳入到规则、制度和法治的范围中。

第二,转型中国社会的价值根基亟待筑牢。西方国家在步入法治进程的过程中,由启蒙运动确认价值共识是其法治生成的前提,人们将价值共识纳入法治建设,法治承载并巩固、弘扬社会群体的价值共识。西方社会在确立了自由、平等、法治等价值共识基础上,完成法律制度与公共政策设计。法治承载人们共同生活的意义追求,法治建设应当充分吸纳社会基本的价值共识。当代中国正处于社会转型期,社会的价值共识还正在塑造中,迫切需要通过培育践行社会主义核心价值观夯实共同的思想基础。社会主义核心价值观从国家、社会、个人三个不同层面确立的核心价值,是当代中国社会的"最大公约数"。"社会主义核心价值观广泛凝聚多方共识,成为全国各族人民团结奋斗的共同思想基础,为铸牢中华民族共同体意识、推动中国式现代化建设提供了行动指南。"①因此,加强社会主义核心价值观建设,既是夯实中国式现代化的共同思想基础之必需,也是筑牢法治建设的价值共识之必要。

第三,当代中国社会现代性还在进一步展。按照哈贝马斯

---

① 孙伟平、贺敏:《培育社会主义核心价值观 铸牢共同思想基础》,《人民教育》2023 年第 23 期。

的说法，现代性是一项"未竟之业"。这点对于中国现代社会现代性尤其如此。中国共产党领导下的中国式现代化进程不仅展现出现代性的特殊性，而且也呈现出中国社会现代性发展的复杂性。中国社会现代性徐徐铺开的复杂的、多维的社会发展画卷，为当代中国法治建设提供独特的基础。西方社会经由几百年历程形塑出了法治的社会根基——如政治民主化，市场经济、市民社会、大众文化、主体人格等，而当代中国社会现代性还处于发育之中，社会关系的基本形态还没有充分完全地暴露出来。事实上，当中国社会现代性所直面的复杂性，也加剧了法治社会基础的未定型性，诸多现代性的典型现象还在逐渐涌现，这就需要法治建设与社会生活始终处于良性互动中。

随着中国特色社会主义实践的充分展开，政治文明水平不断提升，封建臣民观念、官本位的思想都在不断消除。新中国成立以来，国家先后开展了6次普法教育，不断提升和培育人们的法律素质和法治观念。这些都为当代中国法治建设提供了较为明确的支持条件。但不可否认，由于现代性的未完成性，社会不确定性随之加大，人们的思想与行为特征亦不断随之改变，人们行为的可预期性也因此受到影响。尤其是，网络化、媒介化和数字化的侵袭，人们进入充满易变性（volatility）、不确定性（uncertainty）、复杂性（complexity）、模糊性（ambiguity）的乌卡时代（VUCA）。"它在人类有史以来惯常生活的现实空间之外开辟出了虚拟空间，在人的天然生物属性之外添附了数字属性，而 AI 技术又让机器'活了',形成了人机协同状态。此时,各类产销数据、关系数据、身份数据、行为数据、音语数据等等,成为重要的生产要素和新时代的'石油',搜索引擎、商业平台、物联网等各类新业态迅速崛起,从社会生产到日常行为都呈现出日益加深、日益全面的数字化生态,人类生活也面临着全面的改写和重建。"①法治建设需要直面新型社会关系模式。处理新型的法律关系,推动了数字时代的法治范式转型,孕育生成了包容共享的法治原则与运行机制。

第四,在全面依法治国的框架下开展道德建设。2014 年 10 月,党的中共十八届四中全会聚焦"依法治国",这是改革开放以来首次以"依法治国"作为主题的党的全会,会上提出"依法治国与以德治国"相结合。党的十八大以来,习近平总书记高度重视社会主义法治建设,创造性提出了关于全面依法治国的一系列新理念新思想新战略,形成了习近平法治思想。2020 年 11 月 16 日至 17 日召开的中央全面依法治国工作会议,是党历史上第一次召开中央全会专题研究部署全面依法治国,并明确提出了习近平法治思想的重大命题。2022 年,习近平总书记在党的二十大报告中强调,坚持全面依法治国,推进法治中国建设。要坚持依法治国与以德治国相结合,既重视发挥法律的规范作用,又重视发挥道德的教化作用,使法治和德治相互补充,共同推进国家

---

① 马长山:《数字社会的治理逻辑及其法治化展开》,《法律科学(西北政法大学学报)》2020 年第 5 期。

治理体系和治理能力现代化。

在法治的框架下注重道德建设是我国法治建设的一大特色,也是我国法治建设尊重历史文化的重要体现。我国是一个具有悠久道德传统的国家,全面依法治国的提出应当遵从这一历史事实。中国特色社会主义法治体系深深根植于中华优秀传统法律文化之中。党的二十大报告提出:"弘扬社会主义法治精神,传承中华优秀传统法律文化,引导全体人民做社会主义法治的忠实崇尚者、自觉遵守者、坚定捍卫者。"

当代中国法治建设应积极吸收中华优秀道德文化资源,合理转化符合人性与社会发展的道德元素,注重道德作为治理方式在现代国家治理中的重要性,在全面依法治国的框架下推进公民道德建设。就道德与法律关系来说,法律是一种强制规范,道德是一种自觉践履,二者分别从外在要求与内在需要两个向度对人的行为进行规约。自人类进入文明社会之后,道德与法律就相辅相成,互为支持,成为维持社会秩序不可须臾的社会规范。法律如果不至于成为枯燥条文的堆砌,就必须与社会整体的伦理精神相一致。鉴于我国特有的伦理型文化传统,法律与道德关系呈现出多元、复杂的形态,需要我们在社会主义法治建设的进程中加以具体考量。

四、当代中国法治建设的社会基础优化

第一,从人的自由全面发展的价值目标塑造法治的社会基

础。按照亚里士多德对法治的经典定义,"法治应包含两重意义:已成立的法律获得普遍的服从,而大家所服从的法律又应该本身是制订得良好的法律。"①亚氏的法治概念包括了两个元素:一是良法,二是良法获得普遍遵守。良法是善治之首,法治的法应是良法。法治为了人民,造福人民,人民是法治的出发点和落脚点,实现人民的福祉是法治追求的根本价值。可见,现代法治满足人民最基本的利益、价值与权利需求。在马克思的视域中,法治建设应该把满足人的自由全面发展视为塑造法治社会基础的价值标准。根据人的自由解放程度,马克思曾将人类社会发展分为三个主要的阶段:"人的依赖关系(起初完全是自然发生的),是最初的社会形式,在这种形式下,人的生产能力只是在狭小的范围内和孤立的地点上发展着。以**物**的依赖性为基础的人的独立性,是第二大形式,在这种形式下,才形成普遍的社会物质变换、全面的关系,多方面的需要以及全面的能力的体系。建立在个人全面发展和他们共同的、社会的生产能力成为从属于他们的社会财富这一基础上的自由个性,是第三个阶段。第二个阶段为第三个阶段创造条件。"②在《共产党宣言》中,马克思提出了人的自由全面发展的主张,认为未来的社会是自由人的联合体。法治植根的社会应当不断消除物役、人役,逐渐趋向人的自由全面发展状态的理想状态。

---

① [古希腊]亚里士多德:《政治学》,吴寿彭译,商务印书馆,2011年,第202页。
② 《马克思恩格斯文集》第8卷,人民出版社,2009年,第52页。

第二，推进社会系统的全面改革。全面深化改革的提出，为当代中国法治建设提供全面的社会基础。作为一项系统性的社会事业，法治依赖的社会基础体现出全局性与整体性，它依赖政治、经济、文化、公民主体等各个要素的大力配合和有效支持。这就需要加强对社会系统的顶层设计，从宏观整体战略出发，对社会系统各要素进行系统、全面的优化。在政治上，大力倡导中国特色社会主义民主，建立健全中国特色社会主义法律制度，严格中国共产党的党规党纪，加大反腐力度，营造清明的政治环境，为法治建设塑造的廉洁的政治基础。在经济上，大力发展社会主义市场经济是当前提升经济系统的重要路径，也是优化法治社会外部经济环境的重要方式。发达的社会主义市场经济有助于提升社会活力，扩大社会关系的范围，塑造社会成员的契约意识与主体人格。这就要求在经济活动中坚持社会主义市场经济的改革方向，坚持生产力第一标准，大力发展社会生产力，积极发挥市场经济的激励与竞争机制，制定与社会主义市场经济适应的法律法规，重视社会主义市场经济的诚信建设。党的二十届三中全会是在以中国式现代化全面推进强国建设、民族复兴伟业的关键时期召开的一次具有里程碑意义的重要会议，全会审议通过的《中共中央关于进一步全面深化改革、推进中国式现代化的决定》，紧紧围绕推进中国式现代化这个主题擘画了进一步全面深化改革的战略举措，是新时代新征程上推动全面深化改革向广度和深度进军的总动员、总部署，是把中国式现代化美好蓝图变为现实的行动纲领,充分体现了以习近平同志为核心的党中央将改革进行到底的坚强决心和强烈使命担当,为全党全军全国各族人民在新的历史起点上凝心聚力、共同奋斗指明了前进方向。

第三,塑造与培育法治公民。塑造公民的法治意识与法治品格,为法治中国和全面依法治国的推进提供坚实的主体支撑。法治是现代国家治理的基本形式。法的运行,除了以法律制度的存在作为前提之外,还要求这一社会中的公民将法律作为行动的基本准则,锻造具有法治思维的现代公民。公民是理解法治的主体向度,法治需要公民具备与现代法治相适应、相匹配的公民品格。公民品格成为现代法治的构成性、保障性要素,贯穿于立法、司法和执法始终,成为法治建设不可或缺的主体支撑。"一个健康有益的社会不能够只依赖于胡萝卜加大棒,它还必须培养良知,开发人们无私助人的潜力,而且大概更重要的是,灌输远离伤害他人的伦理观。""法律尤其可以起到关键的作用。"①公民品格有助于化解现代法治运行中出现的法律万能主义、形式主义、活力低下以及难以应对现代社会复杂性等弊病。现代国家治理需要同时关注制度建设与公民道德建设,发挥法律制度建设与公民品格培育之间的协同、互补作用。

---

① [美]琳恩·斯托特:《培育良知:良法如何造就好人》,李心白译,商务印书馆,2015年,第20页。

公民是法治建设的主体基础,是法律制度制定、运行、具体落实的主体。公民在司法实践通过平衡利益关系、协调社会交往,展现出自身优良公民品格,为法治建设提供主体与道德保证。公民品格本身是个包容性的内涵,尤为注重的是公民的法律人格,与公民的法律生活相关的基本品格,如自律、自主、理性、契约等品质。其中,最为根本的是塑造公民的法权人格,法权人格是公民对法权关系的主体自觉,是权利义务关系在人们内心中得到确信和生根表现,因而成为现代人自我确证的根本标准。"由于人的主体地位得到了最终确立,契合法治生成的观念要素如科学精神、社会契约观念、政治市场观念、思想市场观念、公民意识、权利义务观念、平等自由观念才有了可以依凭的新载体。"[1]一个合格的现代法律人,也将是合格的现代公民,他们的身上都应当具备法权人格特征。无论是法律制度建设,还是公民品格培育,都需要将法权人格的塑造作为两者结合的基本任务。受传统社会的专制集权和臣民文化影响,公民个体权利观念的养成还有待法律的进一步确认。在公民的政治、法律生活中,应充分尊重、保护个体权利不受侵犯,培育公民自主、自律的品质,才能塑造出真正的现代公民,为现代法治提供主体支撑。

---

[1] 汪太贤、艾明:《法治的理念与方略》,中国检察出版社,2001年,第204页。

第三节 伦理实践：现代国家治理的伦理性判定

"国家治理现代化"是一个需要多学科协同攻关的重大论题，涉及对根本性问题作出学理阐释，其中，揭示"现代国家治理"的伦理本性是一个重要问题。现代国家治理是政治实践主体按照现代政治理想与政治目标开展的实践活动。这个过程是由包括政党、政府、社会组织等在内的政治实践主体，围绕政治统治、社会管理、公共服务等具体目标，并按照现代政治运作的基本形式或者组织形式加以展开。由此，现代国家治理实践往往体现出强烈的政治性品格，是不言而喻的政治实践活动。受近代从资产阶级国家治理观念的影响，现代国家严格地奉行政教分离、价值无涉以及恪守职能边界等"政治中立性"原则。到罗尔斯那里，一个正义的国家仅仅是以"重叠共识"为依据的政治自由主义实践。受这种观念的引导，国家不再是一个独立的伦理实践主体，而只是私人利益的战场，由此导致国家治理的效率低下，乱象丛生。此外，国家也不再是一个创造美好生活的积极主体，而只是消极自由的守护者，现代国家治理也就容易失去了根本性的伦理目标，无助于人的至善目标的实现。事实上，现代国家治理不能仅仅停留在技术、策略之治层面，而应从根本上关乎特定的伦理理想,遵循一定的伦理原则。因为,现代国家治理不仅是一项政治实践活动,而且也是一项伦理实践活动。对现代国家治理伦理特性的准确把握,不仅有助于全面理解现代国家治理的实质,而且有助于在实践层面探索合理的操作手段。对该问题的讨论,也成为当前政治伦理学研究的重大前沿问题。

一、通向美好生活的至善之业:现代国家治理的伦理目标

就根本目标而言,国家治理虽从形式上表现为政治主体借助政治权力展开的政治实践活动,但总是在实质层面关联着政治共同体的价值目标。这种吸收了伦理意蕴的国家治理理念是古代政治的基本特征。在亚里士多德看来,人的实践活动以善为追求,人生活在政治共同体之中,并通过政治实践活动追求至善。"人的每种实践与选择,都以某种善为目的"[1],"所有共同体都是为着某种善而建立的(因为人的一切行为都是为着他们所认为的善)",城邦或政治共同体"所追求的一定的是至善"[2],至善即幸福,"幸福是完善的和自足的,是所有活动的目的"[3],它是

---

[1] [古希腊]亚里士多德:《尼各马可伦理学》,廖申白译注,商务印书馆,2003年,第3页。
[2] [古希腊]亚里士多德:《政治学》,颜一、秦典华译,中国人民大学出版社,2003年,第1页。
[3] [古希腊]亚里士多德:《尼各马可伦理学》,廖申白译注,商务印书馆,2003年,第19页。

政治学追求的最高层次的善。在亚里士多德看来,人是天生的政治动物,人的幸福生活只能在共同体中实现。政治是指向城邦的公共事务,是人以共同体的形式实现幸福生活的,政治学也就研究在政治共同体中所能实现的"最高的善"。

从政治系统的根本属性来看,现代国家治理不是单纯的技术性、工具性的施政策略,而是内蕴于人在共同体生活中的合理需求,承载着民众过上幸福生活的价值目标。以各种形式的政治实践活动为载体,现代国家治理承载着各种价值层面的愿景和期待得以完满实现。与现代性的精神特质相一致,公共善成为现代国家治理重要的价值追求,它内蕴了人在现代社会的政治共同体生活中的合理需求。"公共善,不是简单的个人的各种善的总和,而是体现为对集体成就和集体目标的信奉,是对共同体利益的看重,是把共同体的最大幸福作为成员们追求的目标。"① 公共善体现政治的公共性,以公共服务和公共产品为基本形式,满足社会大众物质性、精神性的需求。这些需求包括:基本的物质资料满足、精神文化产品的提供、社会资源机会的开放等。凡是能够增进社会成员公共福祉的物质、精神产品,都可以称得上是公共善。现代国家治理也始终围绕政治系统所达成的价值目标,以民众的幸福作为终极的价值追求。现代国家治理是一个追求公共善的价值实现过程。

---

① 周国文:《公共善、宽容与平等:和谐社会的伦理基础》,《社会科学辑刊》2010年第5期。

从根本上看,这种公共善的追求,与人需要在共同体生活中生存的政治身份,也是相吻合的。中国传统文化对"政治"的理解指向"公""共""天下"等维度,并给予民众以"养""善"等价值关怀直接相关。孙中山曾将"政治"视为"管理众人之事",指向关乎公共事业的治理活动。古希腊政治观也认为,政治关乎城邦的公共之善,关乎公共福祉,是帮助城邦公民过上良善生活,追求幸福的重要实践方式。儒家的德性政治更是明确以善为价值追求,政治之善总体上指向民众的幸福生活,以此作为判断政治合法性的根本依据。周桂钿先生曾指出,"民本论是中国政治哲学的中心""在秦汉以后的封建社会中,求善的政治哲学成为正统思想,成为历代统治者的指导思想,也成为社会的统治思想,深刻地影响到全民族政治活动和日常生活,成为中华民族的精神主干"①。现代政治虽然切断了与道德之间的根本联系,但依旧强调政治实践活动无法脱离对善的追求。这种"善"从性质上表现为公共善。实际上,古今中外对"政治"的诠释有不同的维度,但它与"善"的实质性关联并没有受到太多的质疑,差别仅仅在于对"善"的理解存在不同而已。

在现代社会,随着社会公共性的特征日渐明显,政治实践活动的公共性效应更得到彰显,以至于现代政治哲学趋向于追求一种"公共的政治哲学"。政治实践活动逐渐超越了私人化的面

---

① 周桂钿主编:《中国传统政治哲学》,河北人民出版社,2007年,第21、10—11页。

向,尽管政治本质上是公共的,政治之善是公共之善,区别于私人之善。即便在传统的家天下和中世纪"神学一统"的政治环境下,政治的公共性受到根本性冲击,但代表着家天下的统治阶级也是以公共性的名义进行政治统治,是否符合公共性,满足民众的公共诉求,成为政治运行重要的评判标准。如同马克思在《德意志意识形态》所言,"每一个企图取代旧统治阶级的新阶级,为了达到自己的目的不得不把自己的利益说成是社会全体成员的共同利益,就是说,这在观念上的表达就是:赋予自己的思想以普遍性的形式,把它们描绘成唯一合乎理性的、有普遍意义的思想"①。统治阶级即便坚持私人化利益,也会以普遍性的利益方式寻求公共性的"辩护"。政治实践活动所要追求的公共性形式的善,不仅成为政治实践活动最终追求的价值理想,也成为评判政治实践活动合理与否的重要标志。人类以公共性、社会性的方式过上良善生活的探索过程,政治指向人类至善,总体上是一项向善的事业。"伦理学旨在确定个人应当做什么,政治学则旨在确定一个国家或政治社会的政府应当做什么,以及它应当如何构成。"②从亚里士多德伦理学与政治学的关系即可看出:两者"讨论的都是有关人类幸福的实践科学",伦理学确定目的,政治学提供路径和形式。"《伦理学》告诉我们,什么样的生活方式和

---

① 《马克思恩格斯文集》第1卷,人民出版社,2009年,第552页。
② [英]亨利·西季威克:《伦理学方法》,廖申白译,中国社会科学出版社,1993年,第39页。

形式是幸福所必需的。《政治学》告诉我们,必须要有什么样的具体政体形式和怎样一套制度,才能产生并且保护这种生活方式。"①但也需要指出,在传统社会,受制于社会结构的总体化以及个体的人身依附性,这种"公共性"依旧处于不成熟的状态。

一般来说,治理的最终目标是善治,即渗入理想化的、良善的治理目标。所谓的善治,本质上就是指,政治实践活动必须要达到良好的公共效应和伦理效果。"善治是使公共利益最大化的社会管理过程和管理活动","善治事关人民的幸福,它集中体现了政府对人民幸福应当提供的必要条件和应当承担的责任。"②政治实践活动不仅要达到在实践中有效运用权力、进行制度化运作的目的,也要起到在最大限度上赢得民众的伦理效果。在此,"善治"之"善",本身就体现了政治实践活动的伦理目标或者要求。公共管理学中的"善治",强调政府、国家、市场之间相互合作、相互依赖关系,是一种新兴的组织形式。"善治的本质特征,就在于它是政府和公民对公共生活的合作管理,是政治国家与市民社会的一种新颖关系,是两者的最佳状态。"③而从伦理学角度来讲,"善治"之"善",就是最大限度地体现、发挥政治的伦理效果。

进一步地看,"善治"之"善"的评判标准,要求政治实践活动

---

① [美]阿拉斯代尔·麦金太尔:《伦理学简史》,龚群译,商务印书馆,2003年,第92页。
② 俞可平:《论国家治理现代化》,社会科学文献出版社,2014年,第71页。
③ 俞可平:《论国家治理现代化》,社会科学文献出版社,2014年,第27页。

中的统治者能够尊重民意、顺应民心、关怀民生。儒家的"民本政治",尤为强调"民"在政治实践过程中的价值地位。在传统政治"得民心者得天下"的命题中,"民心即天下",也就是说,政治统治能否达到切实的效果,与政治实践活动能否赢得民心紧密相关。赢得民心的过程,就是给民以现实的利益关照,以"制民之产"为本,养民、安民、富民。孟子提倡行仁政,"王欲行之,则盍反其本矣。五亩之宅,树之以桑,五十者可以衣帛矣。鸡豚狗彘之畜,无失其时,七十者可以食肉矣。百亩之田,勿夺其时,八口之家可以无饥矣。谨庠序之教,申之以孝悌之义,颁白者不负戴于道路矣。老者衣帛食肉,黎民不饥不寒,然而不王者,未之有也"[①]。这个"施仁政"的过程,就是政治实践主体为善的过程,同时也是政治实践活动最终达到的理想效果。当然,就其本性来说,政治实践活动体现出强烈的公共性,政治活动所要达到的善本质上体现为公共之善,也就是说,能够最大限度地代表公共利益,满足民众的价值期待。

可以说,公共善意味着政治活动并不是某一个特殊的或是某种集团独有的,政治实践活动的运作应该体现出大多数民众的合理需求。现代政治尤其强调这一点,随着社会条件的急剧变化,民众的主体意识不断的提升,自由、平等、法治的观念也日益获得价值共识的地位。由此,现代政治实践日渐呈现出开放

---

① 《孟子·梁惠王上》。

性与公共性。作为政治实践主体的政府,应该最大限度地提供公共产品,发挥公共效用,承担公共责任。特别是在现代社会的条件下,政治实践活动的基本定位应该由"管控者"向"服务者"转变,现代政治实践方式也经历着从"管理"走向"治理"的形态变迁。从根本上,政治活动并不是单向度、私人化的,也不是权力控制的活动过程,而是体现为相互合作、共赢的旨在实现公共之善的实践活动。这个过程涉及的要素:一元到多元的主体互动,多样化的政治运作形式,对民众的充分尊重和关怀等,都表明了现代国家治理已摆脱了单向度的权力操控,而成为一项向善的合作事业。从这个意义上来说,现代国家治理是一项独立的伦理事业,旨在开放公共性的条件下实现人的幸福。

二、制度正义与实质之善:现代国家治理的伦理原则

作为政治实践活动,现代国家治理不仅要遵守现代政治运行的权力规则、组织化原则以及制度化原则,而且也要遵循的一定的伦理原则。就治国理政的内涵来说,尽管它关乎"如何治""如何理"等具体实践作用过程,但依旧体现出强烈的伦理性,离不开特定的伦理原则。实际上,"如何治""如何理"从根本上关乎伦理评价,与一定的政治共同体的价值目标和价值理想紧密相关。在治国理政和现代国家治理过程中,"如何治"通常与"为谁治"紧密关联。如果说,"治"指向具体的公共事务,调整社会的公共服务、公共资源,以提供公共服务各种形式的政治实践活

动,解决"治什么"问题,那么,"为谁治"从根本上保证现代国家治理的正当性。

尽管作为一项政治实践活动,现代国家治理承载了政治主体的价值期待,但这种价值愿景,从根本上应当符合民众在公共生活中的公共之善,遵循价值原则与价值理想。人在政治生活中所需要的价值原则和价值理想,为现代国家治理的顺利开展提供担保。这种价值原则和价值理想,一方面通过各种形式的实践活动,具体地展开完成治理的总体目标,另一方面,也为政治实践主体的具体运行提供规范性的指引。

作为一项社会实践活动,任何治理活动都是人类有目的、有意识的实践。现代国家治理实践承载着政治实践主体的意图,承载着政治共同体对政治生活的基本想法,其中就已经包含了社会大众对政治生活的伦理后果的期待。在现代国家治理实践中,统治阶级的意志往往具有重要的公共性,表达民众的基本需求,并把这些需求最大限度地转化为执政者的意识形态。这就意味着,任何国家治理活动都反映出现实的政治共同体的需求,承载着实践主体的愿景和期待。这些需求、愿景、目标、期待成为现代国家治理实践活动得以具体展开所依据的准则。作为现实的实践活动,现代国家治理也要以政治共同体发展的价值原则为基本指向。无论是执政者的意图,还是现代政治所追求的公共性理想,本质上都体现人的发展和社会发展所需要的价值准则和价值理想。

在社会历史演进中,实质性的善往往借助于原则化、规范化的形式体现出来,相比较古典政治对实质之善的关注,进而体现出浓郁的道德色彩,现代政治则更加偏向于对形式规则层面的考量。正如罗尔斯所言,"古代人追问的是一条通往真正幸福或最高善(the highest good)的最合理的道路,他们考察德行和作为性格特征的德性(例如本身就是一种善的勇敢、节制、智慧和正义这些德性)如何与最高的善联系在一起……近现代人追问的却主要是(至少首先是),哪些在他们看来是正当理性的权威规定,以及这些规定所产生的权利、责任和义务"①。现代政治隔断了伦理与政治的有机联系,"非伦理化的政治"(de-ethicized politics)是现代政治的突出特征。在对国家的认识上,"现代人则把国家看成一种人们在从事自利活动中所必须要的工具。国家所制定的规则使得它能更好地使得大家实现自利的目的"②。这种国家观更多注重形式化的原则、规范,政府并不必然地将增进社会成员整体福祉视为自己的责任。

在政治实践中,"实质之善"往往借助形式化的原则和规范体现出来,表现为政治实践活动合乎一定的伦理原则。其中,在形式上体现为一个社会必须遵循的伦理原则和普遍规范。现代

---

① [美]约翰·罗尔斯:《道德哲学史讲义》,顾肃、刘雪梅译,中国社会科学出版社,2012年,第2页。
② 石元康:《历史与社会——对人存在的哲学反思》,上海人民出版社,2017年,第329页。

国家治理主要采取了以科层制为代表的制度化、组织化、理性化的方式,合乎程序性、规范性显得格外重要。亨廷顿尤为重视政治制度在实现公共善中的作用,"没有强有力的政治制度,社会便缺乏去确定和实现自己共同利益的手段","一个拥有高度制度化的统治机构和程序的社会,能更好地阐明和实现其公共利益"①。以组织建设、制度建设为基本的作用形式,这些是有效调动社会资源,契合现代社会的基本特征,有效完成现代社会国家治理的目标。这也符合现代政治实践活动的基本特点。在一个民众日渐自觉、主体性提升,社会民众信奉理性化的价值观的现代社会,政治实践活动已经密切摆脱传统王权与政治神学下的隐秘性、偏私性,走向了开放性、公共性。以法而治,以法律规则来调节社会生活,成为现代国家制度的基本治理方式。由此,以制度规范为依据,现代国家治理获得了合法性。

但从根本来说,它体现出人在现实社会当中合乎人性和社会发展的合理需求,以人的需要和社会发展需要的合理满足为最终的指向。政治实践活动既体现出形式上正当与否,又关乎价值层面善的实现与否。从而,形式上程序化、理性化的规则背后是伦理上的正当性,以合乎一定的伦理原则为基本的价值追寻。也就是说,仅仅从程序上判断现代国家治理正当与否,只是其中的一个面向,从根本上来看这种程序化应该以合乎伦理正

---

① [美]塞缪尔·P.亨廷顿:《变化社会中的政治秩序》,王冠华等译,上海人民出版社,2008年,第19页。

当性。就前者来说,它指向现代国家治理实践活动具体展开应该符合的形式构件,制度规范层面符合正义的标准;而就后者来看,则关乎现代国家治理背后的实质之善,即现代国家治理不仅需要考虑伦理后果,而且要考虑其行动是否符合伦理原则。具体地看,现代社会以民主、法治、自由等价值为追求,根本上体现现代人的主体性。尽管现代国家治理以是否遵循法治秩序、民主制度和高效的公共政策体系为重要的检测标准,但从根本上来说,必须体现出现代人的生存发展所需要的基本价值准则,契合人在公共化、开放性社会条件下所需要的合理需求。可以说,理性规则的背后,是人借助于政治实践活动所要实现的价值原则和价值目标。这些原则目标和价值理想,深层次规范着政治的理性化运作,成为政治实践活动必须要依赖的基本原则。从而,对现代国家治理来说,尽管自身具有强烈理性化、科层化的特点,但依旧离不开的伦理原则的担保。

在现代性的政治语境中,对制度规范、个体权利、自由的重视,很大程度上遮蔽了政治背后的伦理面相。"在现代政治哲学中,对于德性的讨论,被代之以有关规则、法则的讨论。对于心智的讨论,被代之以有关制度的讨论。"[①]这种政治哲学在国家治理的问题上,表现为现代国家治理在西方往往仅止于人的消极自由,构建人的自由免于干扰的"良序社会",积极的自由让位于

---

① 吴彦:《心智与政治秩序——没有"德性"的政治哲学之检讨》,《复旦学报(社会科学版)》2018年第4期。

个人目标,而国家如同一个规则机器。对现代国家治理来说,必须超越自由主义提供的这种消极国家观,致力于人的幸福、人的全面自由发展。事实上,国家不仅是一个法律机器,而且应该是活生生的道德实体,国家应该有自己的价值理想,而不是价值无涉的,国家应该关心善生活,而不是善放给个人。简言之,国家不应仅仅是一个政治-法律共同体,而且应该成为价值-伦理共同体。现代国家治理不仅要满足于形式层面遵循程序性的规范,而且要合乎政治共同体生存与发展所需要的伦理原则。

也就是说,现代国家治理不仅从形式层面合乎制度规范的正义原则,在实质层面也要符合政治共同体所需要和倡导的价值原则。现代国家治理具有强烈的现实性和社会性,治理的方法路径及其遵循的伦理原则,与特定的社会情势紧密相关。而在不同的政治情势之下,其多样性、丰富性也使现代国家治理的原则与形式呈现出现实化、多样化的品格。就此来说,现代国家治理作为一个具体的、现实的命题,其遵循的伦理原则以及政治实践主体的活动方式都存在着差异性。尽管从根本上来说,现代国家治理或治国理政,都应当以人的发展和社会进步为基本的价值追寻,但是,在不同的政治体制、文化传统社会语境下,其展开的形式、具体的实践方法也存在差别。

当前,中国共产党开展的现代国家治理,是中国共产党人在新时代中国特色社会主义实践中,带领全国人民进行国家治理的具体实践方式。党既是中国特色社会主义事业的领导力量,也是现代国家治理的重要政治实践主体。中国共产党的现代国家治理以人民的利益为根本追寻,采取多样化的实践方式,旨在改善民生,尊重人民的福祉,在此,"以人民为中心"可谓是中国共产党人进行现代国家治理的伦理原则。这与马克思主义的人民观也是根本一致的。中国共产党是马克思主义的政党,在开展中国特色社会主义实践中,也自然把这种伦理实践原则渗入治理实践中。充分反映、体现以人民为中心的判断标准,是中国共产党人的"初心"和"使命"。它意味着,中国共产党人领导的现代国家治理并不是价值无涉的,而是明确以人民的价值的追求作为基本的原则,并以是否合乎人民群众的需要作为根本的判断标准。

三、品格塑造:现代国家治理实践主体的伦理身份

从完整的政治实践活动来看,它不仅包含了政治实践的目标方式,也包括了政治实践活动的主体。其中,政治实践的主体是政治实践活动的重要构成元素,也是关键力量。现代国家治理作为一项政治实践活动,它借助理性化的政治实践活动方式,指向现代政治所追求的公共之善,同时也以政党、政府组织,社会团体以及具体的个人作为多样化的实践主体。其中,不仅在目标上要符合或追求一定的伦理后果,在方法方式上面要遵循向善的准则,而且就政治实践的主体来说,也要合乎一定的伦理要求,具备一定的伦理品格。亚里士多德提出,"学习政治学的

人,必须有一个良好的道德品性"①。从而,就政治实践主体来看,现代国家治理的主体应当是具有良善道德品德的伦理主体。

就现代国家治理的构成来看,政治实践主体是现代国家治理具体的组织者、发动者和承担者,他们往往开启活动,具体展开活动,并最后评价活动,进而成为现代国家治理实践活动的关键力量。其中,不仅政治实践主体会将自身的价值目标、愿景、期待付诸实践活动,承载自身所追求的价值目标和意图,而且具体活动方式的设计、具体的展开过程的调节、效果的评价等一系列的实践环节,都离不开实践主体的操作和运用。可以说,治国理政或现代国家治理实践活动的整体运转,归根结底指向人,指向政治实践主体。从活动目标的设计到过程的展开、程序的设计、效果的评价等一系列的考量和思虑,都离不开人。

尽管现代国家治理活动的主体表现为组织制度,但组织制度的背后仍旧指向人,离不开人的作用。以多样化实践活动为形式,人渗入自己的意图,表达自己的愿景,在具体实践活动中思虑、考量、设计、调整,最后达到理想的治理目标。其中与政治实践主体所应具备的知识技能、专业能力等相比,品格价值等因素更为根本也更为重要。从根本上说,与知识技能等这些价值无涉的素质相比,政治实践活动的向善性,意味着政治实践的主体,必然需要与之相应的价值原则和伦理原则。公共善目标的

---

① 〔古希腊〕亚里士多德:《尼各马可伦理学》,廖申白译注,商务印书馆,2003年,第10页。

达成,向善原则的落实,都离不开具有卓越优良的道德品格的实践活动主体。

作为实践活动的治国理政或现代国家治理,它是现代政治主体将自己的目标价值付诸现实化对象化的现实运动,这个过程展现出政治实践主体的意图、判断和价值。从而,实践活动的伦理性、目的性、价值性,与实践活动的手段性、有效性、社会性、现实性融为一体。政治实践主体不仅在现代国家治理过程中应当承载某种价值判断和价值预期,而且也要将现代人生存所需要的合乎人性与社会发展的善外化为实践活动。从这个意义上来看,作为现代国家治理的重要环节,其实践主体自然也服从"善"的目标,也遵循实践活动的伦理原则,进而表现为伦理主体。

其中,尤为重要的是,重视人在政治实践活动中的重要价值,注重人的品格或具有品格的人在政治实践活动中的突出地位。西方现代社会突出强调制度、规则、规范在治国理政当中的地位,忽视人的重要性。而我国儒家的政治哲学尤为注重人在政治实践活动中的地位,但从理想的角度来说,二者均不可偏废。儒家内圣外王之道,会注重政治实践主体的内在道德品格和精神境界。一个具有卓越高尚品格的人与一个优秀的执政者根本一致,且前者往往规约后者。"其身正,不令而行;其身不正,虽令不从。"①注重人的德性、品格、精神力量在现代国家治理

---

① 《论语·子路》。

中的地位,亦是对西方现代性治理模式的纠偏。制度虽追求普遍性,适应于大规模社会,但制度的确立、运行以人的品格作为担保。儒家"仁"与"礼"的关系表明,"仁"的品质源于"礼"的内化,没有内化为人的品格,"礼"作为规范体系便无法发挥作用。同样,"仁"作为内在的精神品格,如不加以外化于规范化的体制或制度,也难以实现价值原则。

首先,德性为政治实践活动提供价值方向。德性以善为内容,体现政治实践主体的价值原则与理想。在儒家"为政以德"的命题中,政治实践活动渗入主体的道德价值,就包含了政治实践主体的道德要求。德性以价值原则和理想为内容,为治国理政的实践活动提供方向性的保障。德性论认为,德性区别于技术、习惯等重要特点,在于它是有目的性、意图性的活动,有非常明确的价值导向,内蕴了人变革世界成就自我的价值原则。

其次,作为政治实践主体,组织、主导、参与、开展的各种形式的活动。主体的品格渗入其中,不仅对实践活动调整方向,也对各个环节的主导、权衡、把握、考虑等都起了至关重要的作用。政治实践活动的发动、展开、组织、评价等活动都离不开政治实践活动的主体。现代国家治理活动往往表现为多元主体之间的交往、商谈、合作的现实过程。其中,政治实践活动主体的品格特质,能够为健全秩序、稳固合作、有效展开提供保障,保证政治实践活动朝着良善的合乎目的的方向去发展,保证每一个环节的顺利展开。现代治国理政以不同的程序、制度和科层制管理为基本的表现形式,但是活动的有序开展依然离不开人的品格,否则将会陷入机械、形式化。须知,现代国家治理活动程序制度和组织问题,仅仅解决了效率、普遍性问题,但依然无法解决价值、情感、态度等问题。诸环节开展也需要总体稳定的品格作为担保,否则的话,国家治理活动将会陷入机械、无情的状态。

此外,制度的运行需要以人的品格作为担保,从根本上说,制度本身就是现实的人在政治社会交往中所形成的稳定的行为模式。程序、规则、组织的各项运转等离不开人的作用。当代西方政治哲学研究表明,以理性为基本准则的现代治理规则体系,在现实中也会遭遇因人的德性、品格、情感等主观精神要素缺失而造成的各种弊病。西方民主所依赖的审议民主,在根本上还是需要人的品格的积极的参与,金里卡在《当代政治哲学》中也指出,人的品格是民主制度发育的"温床"。就此而言,尽管现代国家治理的运行离不开各种程序、环节、组织和科层制的有效安排,但就根本来说,实践有效地展开离不开人的现实作用,离不开以价值观作为内核的品格的有效作用①。

尽管制度在大规模、自动化、组织化的政治实践活动中发挥着重大作用,但政治实践主体的精神品格同样也能够应对现代社会多元化、风险性不确定性的政治实践,因为在复杂的政治实

---

① 叶方兴:《现代社会与公民品格》,《西南大学学报(社会科学版)》2014年第6期。

践活动面前,制度是很难用统一化的原则将其"一网打尽"。特别是,现代国家治理实践活动面对的境遇都是具体化、差异化的,更是复杂化的。作为一项治理实践活动,现代治国理政如何起到作用,往往取决于能不能将政治实践活动的基本原则同复杂的、具体的治理实践相结合。现代社会大规模的公共化、风险化的治理活动,所面对的不确定性、突发性往往是前所未有的。面对这样的情景,制度往往很难奏效,更多依赖的往往是政治实践主体"因境而用"的能力。毕竟,制度原则的具体落实离不开人的品质,离不开人的精神品格,需要政治实践主体以实践智慧将政治治理的原则与具体的情境相结合。实践智慧,是一种将普遍的伦理原则、价值原则与具体的现实情景结合的能力,把握了实践的具体性、社会性和复杂性。在现代治国理政的实践活动中,政治实践主体具有实践智慧,就可以在具体的实践活动中审时度势,将政治实践活动所遵循的价值原则和价值理想与具体的现实情境结合起来。一方面,具体的治理实践活动扬弃了抽象性、普遍性,而走向具体性,为现代治国理政实践的有效性提供担保;另一方面,在这个过程中为政者或政治实践主体等内在的品格也成为政治实践活动发生的动力,真正将外在、普遍的价值原则和规范内化为个体的自觉的意识,成为治理实践活动的助力。

德性之于政治实践主体,不仅仅是政治实践主体进行政治实践活动的保障,同时也是政治实践主体成为政治人的根本标准。德性论认为,德性成人,德性是人之为人的根本标准,从这个意义上来说,作为职业的政治实践活动主体,也需要与之相应的道德品质和精神品格作为支撑和保障,为政治实践主体在政治实践活动的有效展开提供保证。精神品质担保的现代政治实践主体的职业身份,反映政治实践主体在现实的政治实践活动中的精神力量和内在品质。可以看出,现代政治实践的主体具有浓郁的伦理品格,既是政治主体也是伦理主体。作为伦理主体,现代政治实践各种形式的主体,具有卓越的道德品质和精神品格,在成就政治人身份的同时,为政治系统的运行提供价值导向,也为各个环节的有序展开提供有效保证。与此同时,各种形式的现代政治实践主体能够将普遍的价值原则、政治目标与具体的多样化的活动情境联系起来,从而达到或实现政治实践的总体目标。

四、以伦理实践定位当代中国的国家治理现代化

从思想史来看,现代政治在某种程度上丧失了与道德之间的内在关联性,政治成为与道德无涉的权力运作系统。这一方面适应了现代社会大规模的社会治理,政治的运作展现为权力对社会各个领域、各项事务的支配和管理,权力成为政治的核心话题。然而,另一方面,由于摆脱了伦理的束缚,政治与伦理的内在紧密联系被切断,随之而来的政治运作,尽管呈现出理性计算、科层制特点,但也带来了诸多现实的问题,由此偏离了政治应有的根本内涵。这些问题体现在,过度技术化、权力化会让政治丧失理想目标的追求;过分依赖理性科层制的运作会忽视政治实践主体的积极作用;工具理性的判断标准会降低或忽视情感、品格在政治实践活动中的重要作用。对现代治国理政的伦理定位意味着,现代国家本身就是旨在增进共同体福祉的伦理实体,现代政治运作不再是追求权力的斗争的实践活动,不再是自上而下的科层管理活动,而是有着向善的目标,由现实的人参与,旨在服务于"人类如何生活、应当过什么样的生活"的根本价值理想。将现代治国理政作为一项伦理实践,对于推进国家治理现代化具有根本性的奠定意义。

第一,注重政治本有的向善的价值目标。政治和伦理有自然的亲缘关系。政治作为伦理外化的形式,而伦理为政治提供根本的价值准则。作为人类基本的生存方式,政治根本目标在于追求人应当如何生活的所需要的公共的善。人以政治的方式生活,意味着人不再是简单、狭隘、偏私、利己的存在,而是一种追求合作、互相关怀、追求公共善的存在物。伦理为人的公共生活政治生活提供价值上的引导,其内蕴关乎人过上理想生活的可欲之善的根本追求,是政治实践活动所要追寻的价值目标。现代治国理政在非道德化的政治的影响下,一度成为权力斗争的场域。政治实践活动的方式也存在着多种多样,既有技术上的多样性,也体现在手段方式上的多样性。从现代国家治理的根本走向看,追求善治已经成为人类共识,甚至成为现代国家治理的根本目标,体现了伦理与政治的高度融合。善治之善体现出现代治国理政的伦理性,而善治之治则将现代治国理政所追求的价值理想外化实现出来,一旦丧失了应有的伦理目标,现代政治实践很容易陷入盲目性。作为现代国家治理奉献的伦理原则,以人民为中心的发展观所内蕴的为了人民群众利益的原则,为政治系统的运行提供了善的目标,为治国理政提供了价值方向,进而构成贯穿治国理政实践各环节的价值原则。

第二,注重"人"在现代国家治理中的作用。现代政治实践活动以理性化为基本特征,表现为一套组织严密完整有序运作的制度和组织体系,但并不能因此而否定人在现代治国理政中的作用。无论是制度组织体系的定位设计运转,还是实践活动中具体活动的每个环节,都离不开政治实践主体的操作。政治实践主体以政治人的身份,既构成了现代治国理政实践的构成要素,同时也为各个环节活动的开展提供担保。注重人在现代国家治理中的作用,首先指向对人的各种能力的培养和塑造,也就是对政治人在现代政治实践活动中所具备的各种能力技能的培养。除此之外,表现为人在现代治理实践中的政治人格的塑造,其中包含两个方面,一是作为执政者的人格培养。亚里士多德指出,"想要担任政体中最重要的官职,就必须具备三项条件。首先,必须忠于现存政体;其次,必须具有为政的最高才能;第三,必须具备为每一个政体特有的、与该政体相称的那种德性与正直。"①执政者是不是具备大公无私的公共性品格,是不是具备任劳任怨的职业品格,是不是具备为人民服务的政治人格,成为执政者在现代政治实践中是否合格的根本标准。与此同时,对于普通民众来说,应当具备公民人格。现代社会必须要具备的理性、平等、自由、法治等基本的公民品格,需要与政治系统运作相适应的品格作为担保。这样的政治实践主体成为政治实践活动的构成要素,也保证了政治实践活动的有效开展。

第三,"德"在国家治理现代化中发挥重要作用。法治是治国理政的基本方略,以法律的方式治国理政是现代社会的基本特征。但这并不等于抹杀"德"在现代治国理政中的地位。一方面,就现代国家治理的根本构成来说,组织化、制度化、理性化的特征是现代治理实践的方式,但对于治国理政中主体的肯定引向对主体内在品格的关注。现代国家治理的主体是治国理政系统的重要构成元素,治国理政目标的确定,方式的选择,都离不开政治主体的思虑、判断。从另一方面看,大量的治国理政实践活动是具体的、复杂的,充满不确定性和风险的,过分地依赖于规则之治,很容易将问题引向僵化、机械,影响治理效果。而如果注重人的品德品质等基本要素,则可以在具体情境当中,从容应对、解决问题。如果说法律制度规则之治,治于"事",那么德治——即伦理之治——指向人"心"。制度与德性在本体上构成

---

① [古希腊]亚里士多德:《亚里士多德全集》第9卷,苗力田主编,中国人民大学出版社,1994年,第187页。

政治实践活动的本体要素,并在功能上相互补充、相互作用。制度之治,只有内化于人的内在革新才能起作用,而人的道德又需要制度的规范和约束,扬弃自身的个体性和特殊性。对现代治国理政而言,一方面要坚持法治的基本作用方式,注重制度规范秩序在现代治国理政中的重要作用,另一方面也要充分调动和运用道德在现代国家治理中的重要作用,当然这里的"德"不应该是局限于个体修身的"私德",而是更广泛的政治领域的政治之德、公共之德。

第四,从根本上来说,现代国家治理作为伦理实践对现代治国理政的定位,不再是停留于权力之域的技术策略,而是依赖执政者的实践智慧。"实践智慧以观念的形式内在于人并作用于实践过程,其中既凝结了相应于价值取向的德性,又包含着关于世界与人自身的知识经验,二者融合于人的现实能力。价值取向涉及当然之则,知识经验则不仅源于事(实然),而且关乎理(必然);当然之则和必然之理的渗入,使实践智慧同时呈现规范之维。"[①]作为一项伦理实践,现代国家治理应当是执政者实践主体将符合现代社会存在发展的价值原则和价值理想,通过各种形式的社会实践活动方式体现出来。这个过程,一方面体现出普遍性的维度,这涉及现代国家治理合乎人性之善的普遍之道,现代人生存发展之道,现代国家治理实践活动方式的普遍之道。

---

① 杨国荣:《人类行动与实践智慧》,生活·读书·新知三联书店,2013年,第271页。

与此同时,又渗入了诸多的特殊情境化、个体化的判断。对治国理政实践来说,每一次现代国家治理实践活动都是具体的,都需要将普遍的原则规范落实到具体、细微之处,发挥切实的功效,尤其是,现代国家治理活动充满公共性、风险性、不确信性,政治实践主体的实践智慧显得尤为重要。实践智慧要考虑具体情境,"明智是与实践相关的,而实践就是要处理具体的事情"[1],而且实践智慧处理的是可变的事物,"明智的人的特点就是善于考虑对于他自身是善的和有益的事情……没有人会考虑不变的事物"[2]。因此,不仅现代国家治理需要遵循贯彻现代国家普遍的目标,积极地契合人在现代性境遇下的生存境遇,而且从根本上依赖政治实践主体在具体的政治实践情境中所具有决断、思虑、权衡的能力。从根本上说,现代治国理政不能单纯地化约为机械的规则之治,也不能简单地陷入传统儒家伦理囿于内心的精神之治。以培养政治实践主体的实践智慧为目标,政治实践活动扬弃了抽象的普遍性,走向具体的情境性,同时也通过将规则内化于心的方式,真切地把握当代中国的国家治理现代化。

---

[1] [古希腊]亚里士多德:《尼各马可伦理学》,廖申白译注,商务印书馆,2003年,第177页。
[2] [古希腊]亚里士多德:《尼各马可伦理学》,廖申白译注,商务印书馆,2003年,第172—173页。

第三章

价值阐释:
法治与德治结合的价值论逻辑

在国家治理的层面上讨论法治与德治关系,这不仅仅是两种社会规范的相互衔接与支持互动的问题,同时也是对现代国家治理的价值意蕴和价值关怀的探索,鉴于此,本章将对法治与德治结合的价值论逻辑进行讨论。

第一节 道德与法律的关系:基于价值论阐释

一般认为,道德和法律是两套不同的规范体系,各自有独立性。尽管在关于人的行为正当性的说明问题上,二者的侧重点不同,但是它们都具有规范性(normativity),对人的行为起到约束或调节作用。所谓的规范性,简单地说,就是对行为提出价值层面的要求,它不只是做描述意义上的表达,也对人的行为方式进行某种评判和抉择,透过人的自由意志进行选择,以合乎人性的发展作为根本的价值标准。关于道德与法律的关系,大抵上可以形成这样的共识:道德通过日常生活的伦理、风俗、观念对良心进行制约,法律通过公权力的方式对行为进行制裁。道德的制裁措施是一种软方式,不是通过强制力,而是诉诸内心的约束。法律表现为一套规则,这些规则体系有一部分是技术性和程序性的。道德和法律在调整范围上有交叉的地方,有些时候合乎道德也就合乎法律,违反道德也就违反法律。法律和道德在功能上是互补的。总体上说,法律和道德在调整范围上有交叉、功能上有互补之处。

一、道德与法律关系的基本理解

一般认为,道德和法律之间既有联系也有区别。在日常生活中,经常会遇到情与法之间的冲突。思想史上的《安提戈涅》就是一个典型的例子,安提戈涅提到在实在法之上有一个更高层次的法令,"我不认为一个凡人下的命令就可以废除天神制定的永恒不变的律条,它的存在不限于今日和昨日,而是永久的,没有人知道它是什么时候出现的"。这里涉及"神法"与"人法"("自然法"与"实在法")之间的关系问题。城邦制定的法律指出城邦的某个公民投敌战死,其尸体不能在城邦内安葬,这是城邦的人法。在此基础之上,还有一个更高层次的法令,就是永恒不变的成文的条例,也就是自然法。从古希腊开始,人们出于对自然的膜拜,认为社会层面的正当性是基于自然层面的正当性。社会之所以井井有条、有序发展,正是因为它符合某种规律性。现实社会一切行动都要符合标准,符合规律,所以,法律的制定一定要符合自然正当。古罗马在制定法律的时候亦要符合自然层面的正当(nature right),在人为制定法律之上有一套规律性的东西。也就是说,古希腊、古罗马把这样的一种自然正当诉诸理性,认为世间万物的发展都是基于某种理性基础之上。

在日常生活中,人们会发现法律和道德之间不能一一对应画等号,有些情况两种是一致的,道德上不能接受,同样法律也不能接受。在儒家传统中,"亲亲相隐"具有道德上的正当性,源于"直在其中",即反映了普遍性的伦理法则,但显然,这是违背现代法治精神的。儒家传统中存在大量道德上可以接受,但是从法律上不被允许的情况,反映了情、理、法的冲突。

作为治国理政和社会管理的重要手段,法律和道德应该注重发挥协调性,充分发挥二者在社会管理过程中相辅相成的支撑和互补的作用。党站在国家宏观层面上思考道德和法律之间的关系,在整个国家发展的过程中,将道德和法律作为治理国家的手段发挥功能。"法律是成文的道德,道德是内心的法律,法律和道德具有规范社会行为和维护社会秩序的作用。治理国家和治理社会必须一手抓法治,一手抓德治,既要充分发挥法律的规范作用,又要发挥道德的教化作用,实现法律和道德相辅相成,法律和道德相得益彰。""要发挥好法律的规范作用,必须以法治体现道德理念,强化法律对道德建设的促进作用。一方面道德是法律的基础,只有那些合乎道德具有深厚道德基础的法律才能被更多人自觉遵守,另外一方面,法律是道德的保障,可以通过强制性规范人的行为,惩罚违法行为来引领道德风尚。""要发挥好道德教化作用,必须以道德滋养法治精神,强化道德对法治文化的支撑作用,再多再好的法律必须转化为人们内心的自觉,才能够真正为人们遵守。"同时特别强调了法律和道德之间的相互联系和转化,认为法律的建设必须吸纳道德的滋养,道德建设需要法律进行推动,从动态的角度论证了二者之间的联系。

从思想史的角度看,道德和法律的关系不仅仅是伦理学要讨论的问题,也是法理学特别关注的问题。法律和道德的关系曾被视为法学研究的"好望角"。罗尔斯曾认为,"法律与道德的主题提出了许多不同的问题,而道德的法律强制、法律制度的道德基础则是其中的重要问题"。哈特将道德与法律的关系问题分解成四个"需要单独考量的不同问题",分别是:(1)法律的发展是否曾受到过道德规范的影响?(2)对法律或法律体制的适当定义是否必须以某种方式援引道德?(3)对法律进行道德批判的可能性与方式;(4)对道德的法律强制。庞德在《法律与道德》中,从历史的视角、分析的视角、哲学的视角梳理了道德和法律之间的关系。

从思想史来看,对于法律和道德的关系采取截然不同态度的要数两个学派。一是自然法学派,它认为法律必然植根于人性或自然的基础上,体现正义、人性、道义等基本价值。自然法学派尽管存在古典和现代之别,但基本上都会坚持认为,法律与道德存在内在联系,法律反映了人们的道德追求,没有道德的法律是不自足的。自然法学派主张,法律有其道德基础,以道德善（morally good）为根基,法律用以守护人类生活最基本的价值。"平等、自由、服从自然或上帝的意志、幸福、社会和谐与社会连带、公共利益、安全、促进文化的发展——所有这些和其他一些价值被不同时代的不同思想家宣称为法律的最高价值。"[1]可见,道德和法律具有天然的联系。一个法律体系的根基往往是由道德来提供的,这是自然法学派提供的观点。自然法学派经过长期的演化,从古希腊开始确立自然和正当的标准,到了罗马时代,罗马法把自然法看作合乎自然的理性,中世纪的神学法把法和上帝的意志联系在一起,近代社会注重人的自然权利,认为生命权、财产权等这些自然权利是天赋的,是不证自明的,并用政治权力确认并保护人的自然权利。法律指向人类的正义事业,法律的目的旨在增进善,保障人类的福祉。自然法学派强调法律的价值追求,注重法律的道德基础,认为"法律是什么"和"法律应当是什么"不可分,只有在善的观念之下才能对法律做出充分理解。与之相对,实证法学派认为,法律和道德无关,对法律的理解以及法律的制定不需要掺杂太多道德主张,"法律是什么"和"法律应当是什么"应该截然分开。法律由命令或规则系统构成,只要确保规则前后一致,表达清晰,并获得立法机关的权力确认,就具有合法性,无须考虑规则是否增进和促进人类社

---

[1] ［美］E.博登海默:《法理学:法律哲学与法律方法》,邓正来译,中国政法大学出版社,2017年,第220页。

会的善。在实证法学派看来,法律和道德是无关的,或者说没有必然的关系。如果要追问"法律应当是什么",这是一种理想法,而不是实在法。前者强调法律承载的人类卓越价值追求,而后者是经过国家立法机关严格确认颁布出来的具有法律效力的法律规范。

实证法学派深受分析哲学的影响,分析哲学注重概念的语义分析,追求概念的确定性。实证法学派认为,以往人们对法律的理解太过于复杂,法律、宗教、习俗、道德等各种规范体系混沌不分。法律本来就是一套规范体系,这套规范体系的实质就是以国家的权力进行确认,只要这些规范获得国家立法机关的确认就是法律。既然法律是规范体系,这套规范体系往往通过严谨的法律术语表达,这就导致法律在运用的过程中特别注重语言或者术语。法律术语的清晰与否、逻辑一致与否,会影响到人们对法律行为的判断。既然法律是通过术语来进行表达,司法过程就是对这些术语的解释过程。因此,在实证法学派看来,法律术语的解释显得尤为重要。

受分析哲学和语言哲学的影响,人们不仅发现生活中大量的问题是语言不清造成的,而且法律与语言息息相关,尤其在司法审判中体现得更为明显。实证法学派所谓的"法"显然是成文法,成文法需要借助司法机关的语义解释,赋予法律以生命。"由于法律解释通常是成文法解释的另一种称呼,因此法律解释的主要对象就是制定法,并且制定法的意义是由语言及其文义来决定的。"①实证法学派强调道德和法律的区分,法律存在是一回事,法律的功过是另一回事。这样,实证法学派容易得出"恶法亦法"的结论,即恶法也是法,只不过是糟糕的法罢了。法律的评价标准在实质层面体现为通过权力机关实现对规范的确认,而在形式层面力求语言和逻辑上的清晰一致。法是一回事,对法进行评价是另一回事。法律科学研究的是实在法,必须从法律的使用和执行中排除价值判断和道德推理。

  但这实际上并不可能完全做到,毕竟,人类社会的很多活动不是理性设计出来的。真正的法律是人类历史生活的积淀,法律与文化、经验、传统等都有紧密的联系。任何一个理论家都不会只是停留于对社会事实进行纯粹的描述与分析,而无须对其进行价值评判,并理解什么对于人类而言是真正的善,脱离了后者,前者显然是做不到的。在菲尼斯看来,法律是社会机制,对这样的一种社会机制进行评价的时候不能够做到价值中立,而是有价值判断在其中。也就是说,对法律的判断要建立在某种价值基础上。无论是法律的制定过程,还是司法解释的过程,人们对法律的理解都需要依赖于某种价值。在社会生活中所进行的价值评价,背后都有一套价值体系进行支撑。那些生活中美好的东西(goods)进入人们的视野中,通过正当的政策制定和个体内化的方式,或是形成外在的规范,或是凝聚为内在的品格。

---

① 陈景辉:《法律解释中的"法律"》,《中国人民大学学报》2024年第4期。

从这个意义上说，一定的法律理论总是要以价值理论作为最后的根基。

得出这样的结论，很显然符合自然法学派的观点。自然法学派认为，法必须要合乎某种价值，既然法律要体现出某种价值和道德要求，那么，法官在判案的时候就可以根据道德标准对法律进行调整。英国在普通法的法律制度中有一个"衡平法制度"，如果严格按照程序和以往的规定进行办理，肯定会有失公允，法官要做出衡平。在自然法学派看来，法官要尽量使之公平公正。而对于实证法学派而言，法律就是规范，只要执行就可以。

自然法学派重要的代表人物富勒，认为法律的构成有其内在道德，法律如果不遵循某种道德标准的话，就不是法律。富勒区分了两类道德：一种是义务的道德，每一个人都必须要做的基本层面的道德；还有一种是愿望的道德，这是人类通向美好生活所需要的崇高道德。有些道德标准是每一个人都必须要接受的，有些道德标准是社会所倡导的，但却无法以"应当"加以要求。在当代自然法的重要代表人物菲尼斯看来，自然法最重要的原理是对人类生活中善的确认，尤其是共同善的确认。如果法律不能够把人类生活中共同追求的善或者好的东西确定出来并且守护，那么，这样的法律算不上是良法，甚至不是法律。人们对于法律机制进行评价，要做到完全彻底，就必须不带价值评判进行描述和分析。

在实际生活中,如果法律判断伤害了人们的道德情感,这样的法律似乎违背了人们的道德直觉,很难称得上是好的法律。但在实证法学派看来,法律必须要排除道德干扰,法律依赖的是立法权力的正当确认,法律的构成不需要掺杂情感或者道德。如果按照自然法的要求,可以对法律进行道德批判,从道德层面质疑法律的合法性,这会使法律永远处在某种不确定之中。更何况,现实的政治权力赋予法律制定以合法性,只要经过正当程序确认的法律,就具有合法性,具备法律的资格。如果仅仅靠道德上的善恶甚至人们的情感就质疑法律的话,就会损害法律的权威。

按照人们的一般认识,法律调整人们的外部关系,道德调整人们的内心生活;法律不考虑人们潜在的动机问题,只要求人们在行为上服从现行的规则或者法则,道德诉诸人们的良知;法律是他律,道德是自律;法律是外在的行为规范,道德是内在的行为约束;法律是他律式的强制,道德作用方式通过主体的自觉;法律调整人的行为,道德教化人心。这种认识被博登海默视为"二元论"的观点。但事实上,法律和道德并非清楚的二元对立,两者的关系实际要"更复杂、更模糊"。博登海默为此质问:道德关注人的内心,具有教化作用,难道法律就不关注人的内心,不具有教化人心的作用吗?

道德与法律的关系是一个涉及多重论域的复杂问题。对此,不同的法学流派自然会得出不同的结论。法律是社会历史文化传承的沉淀,是人类社会生活的反映,法律包含了各种社会、历史、文化乃至心理要素。在唯物史观看来,法律是社会生活的产物,受制于特定社会的物质资料生产方式。马克思在《黑格尔法哲学批判》中就曾阐述:"法的关系正像国家的形式一样,既不能从它们本身来理解,也不能从所谓人类精神的一般发展来理解,相反,它们根源于物质的生活关系。"道德和法律的关系可以说在历史的长河中表现为复杂的关系形态,基于不同视角的揭示也形成了多样化的理论观点。在此意义上说,道德和法律的关系问题不仅是一系列子问题构成的"问题束",而且其答案也指向不同的思想进路。

二、价值论:道德与法律契合的内在根基

在把握道德与法律的关系问题上,揭示两者在社会功能层面的互补,以及价值层面的契合,已成为较为常见的思路。道德与法律的联系往往体现在两者在价值层面可以寻找契合点,法律与道德均承载并体现了人类追求的特定价值,都是社会的价值形态,也是价值实现的两种方式。如果道德和法律之间有联系的话,这种联系根本上在价值。因此,价值论成为道德与法律内在联系的根本性视角。

当我们在言说"法律的伦理性"时,就是在表明法律体现了一定的价值要求。法律、道德与人类社会生活息息相关,与人类生存所需要的价值体系紧密联系。就人的生存而言,人的生存

离不开各种形式的善、需要的合理满足,善为人类走向幸福生活提供保证。从人类文明发展史来看,道德和法律具有同源性,两者可谓与人类早期的禁忌联系在一起,都是调整社会关系、保证社会秩序的规范性手段。各种价值经过人类长此以往的历史积淀,构成人类实践活动的价值追求。可以说,价值作为"可欲之善"是人类长期演化而形成的,对于人类繁衍和延续起到非常重要的作用。现实的人在生存的过程中的一种合理欲求,在社会中要通过社会确认的方式才能成为社会的价值体系的构成部分,这种价值体系是国家治理和社会管理采取行动的正当性依据。

社会的价值体系构建往往借助诸多作用方式,其中,比较重要的有两种:一种是外化的作用方式,通过构建客观的、外在的制度化的方式;另一种是内化的作用方式,如通过宣传教育使社会价值内化于心,凝于人格之中,成为个体心性。如果从价值论的角度看,道德和法律实际上就是价值实现的两种形式,也是"善"的两种不同的表达方式。两者以不同的方式承载并实现社会的价值体系,旨在凝聚社会成员行为的正当性,以及规范社会成员的行为方式。差别在于前者更为关注内在观念、意识和自主层面,后者更多偏向于社会层面、外在层面和行为层面。

这里,可以进一步比照儒家"仁"与"礼"的关系做进一步阐释。儒家特别注重"仁"和"礼"的互动,"礼"相当于法律规范外在的社会建制,而"仁"和内在的道德品质、心性相通。这二者根本上都是善的不同体现形式。即"仁"与"礼"的背后均为人,两者都反映人类追求的"可欲之善",体现"人之有道"的身份品格,二者都以不同的形式表达"善"。仁和礼各有侧重,却彼此互动。礼指向理性的秩序,但是兼具情感,仁不仅是涉及人类情感,也兼具人类理性,二者互动。在此意义上,当人们论及道德和法律的深层次联结,必然指向道德和法律在表达人类追求的特定价值问题上具有的一致性,倡导或者保障守护人类之善。

从价值论的角度看,道德和法律都是人类社会价值体系的表达。无论是法律的道德要求,还是道德的法律强制,都可在价值层面加以揭示——道德的法律化是以法律的方式对道德意义上的价值进行确认,法律的道德化是把法律所保护的价值内化到人的内心当中,这就涉及价值体系的外化和内化。法律的正当性需要道德加以补足,没有道德的基础法律将丧失正当性;道德的法律强制是把一个社会必不可少的道德命令上升到法律,以法律的形式确认道德价值。

可以说,道德和法律在价值层面存在一致性,理解价值是把握道德和法律关系的前提。法律和道德的关系不能简单地视为二元对立,法律应当体现道德价值,法律才会具有正当性,道德也应该通过确认上升到法律。正如博登海默所言,那些被视为社会交往的基本而又必要的道德正当原则,在所有的社会都被赋予强大的力量的强制性。这些道德原则的约束力得到增强,通过转化为法律原则进行执行。人具有最基本的道德感,内心之中有正义感,会把一些道德情感的词语纳入法律之中,这样才能够更好守护人类价值。一个社会的某种价值往往通过道德与法律的形式进行双重确认和双重实现。人类价值总是呈现为多样性,它们反映人类需求的多样化。其中,有些价值(卓越、善良)更加适宜通过道德方式确认和实现,有些价值(秩序、公平)则更适宜通过法律的形式实现。

从发生学角度来看,无论是道德,还是法律,都深刻揭示了人类生存的共享性价值。法律有其自身的价值追求,保障人类生存的基本价值,从根本上来讲就是要维护社会的根本价值。托马斯·霍尔卡(Thomas Hurka)的《生命中最好的事物》指出,法律绝对是对人类生命当中最重要的事情的保护。制度承载着社会的价值理想,"一个制度体系实际是围绕某种价值理想实现的制度安排。社会的根本制度内含着该社会的根本的、总的价值理想、价值目标,而具体的制度也有自己的具体的价值目标,这些具体的价值目标总是围绕总的价值理想而展开的"①。道德探究的目的指向"人应当过什么样的生活"这一终极性问题,并在人类学、目的论和规范性等形而上学问题上建立起一套深思熟虑的回答②。价值体现人的合理需求,合乎人性或者保障个体

---

① 吴向东:《重构现代性:当代社会主义价值观研究》,北京师范大学出版社,2009年,第55页。
② [美]乔纳森·J.桑福德:《美德之前——当代美德伦理学评论》,赵永刚译,中央编译出版社,2024年,第35页。

生命生存和群体发展的需求,都是价值的范畴。人的存在的社会性与历史性,决定了人类追求的价值不是单一的,而是呈现出多样化特征。价值不完全表现为个体化的形态,而且从社会的角度看,社会有其共享性或共同性的价值,它们是支撑一个社会得以成立与运行的价值体系。社会价值体系是社会系统的重要构成要素,发挥着整合性的社会功能。在这个过程中,个体和社会价值在社会价值体系中得到合理统一。

如果从价值论的角度来看,道德与法律可以视为两种不同的价值实现方式,是善的不同的表达式而已。它们以不同的方式承载并实现一个社会的价值体系,旨在凝聚社会成员、守护政治正当性以及规范社会成员的行为方式。在杨国荣教授看来,价值体系外化指向价值体系与一定的社会体制、文化形态、日常生活之间的相互融合,具体地渗入相关的层面;而价值体系内化,反映为价值体系与人的内在意识、精神相融合[①]。二者差别在于,后者更为关注内在、观念、意识、自主等层面,而前者更多地偏向于社会、外在、行为、他律等向度。

至于何种价值转化成法律还是道德,无疑需要分层次,这从根本上取决于价值自身的内容和特点。人类价值体系表现为多层次、多向度的统一整体,既有个体性向度反映个体高尚价值追求的内容,也有社会层面兜底式的价值要目。总之,在复杂多样

---

① 杨国荣:《价值观与核心价值体系:理论内涵及其意义》,《光明日报》2012年3月31日。

的人类价值库中,各种不同的价值究竟如何纳入法律或道德的视野,这需要考虑不同价值之于人类生活的意义。

实际上,以价值论审视道德与法律之间的关系,当人们揭示道德和法律之间内在联系的时候,指出的是道德和法律共有的价值追求。道德和法律可以让人类所要珍视的价值成为每个人内心当中的信仰。道德不仅仅植根于人的内心之中,而且通过外化的制度方式体现出来;道德不仅具有安身立命的功能,还具有社会管理和国家治理的作用。法律亦是如此。且不说,法律价值论会主张法律应该捍卫人类追求的基本价值,甚至从根本意义上说,法律关乎人理想的生活样式,追求美好生活的价值目标。在当代西方伦理学和法理学领域中出现了一种理论——"德性法理学"。该理论主张,人们不应把法律看作是一种冷冰冰的规范,法律要增进人类的卓越,促进人类的美好生活,增进社会福祉和伦理之善。在司法过程中,法官应该是一个明辨的、睿智的思想者,具有深思熟虑的判断力和平衡力,具有能够把一般性原则跟具体情景结合在一起的实践智慧。"德性法理学"注重的价值不是兜底式的底线价值,而是更高层次的至善。从根本上说,人不仅要生活,还要追求好生活,无论是伦理意义上的良善生活,还是法律追求的价值,都从根本上揭示了人类生存的价值逻辑,体现人作为价值创造者的本性,从而为从价值论审视道德与法律之间的关系提供价值根源。

三、从价值论视角正确把握道德和法律之间的关系

价值论是关于价值的本质、形态、实现等基本理论问题的系统性认识。对于把握道德与法律的关系,价值论有助于揭示两者互通、契合的内在机理。以此为视域,道德与法律作为社会规范、价值、意识等精神形式,是从本体论层面对道德、法律的认识,两者在功能论层面互补。在实践论层面,价值观建设与道德建设、法治建设相互之间发挥协同作用。

第一,道德、法律是社会价值的两种表现形态。从本体论层面看,"道德是什么""法律是什么"之类的问题都可以诉诸价值,可视两者为社会价值体系中两种不同的价值。这个意义上的"道德""法律"就摒弃了单一的功能论界定,而是从人类生存体系的合理需要入手,厘清作为社会价值重要范畴的作用,即道德、法律本身就是人类应对生存困境,追求理想生活方式的合理需要。道德与法律的背后是人类生存需要的秩序、稳定、向善等价值追求。这些价值需求反映社会存续与发展的合理需要,守护共同之善,保障人类共同生活。因此,两者成为社会价值体系的重要元素。

第二,道德、法律作为两种不同的价值实现方式,在现代国家治理中互有分工,又相互配合。作为社会治理形式,道德和法律有明确的适用范围。两者需要保持界限意识。社会生活中需要什么样的规范,适用于什么样的领域,一定得有明确的"边界

意识"。一方面,道德有其作用领地,不能一味地进行道德泛化,将所有的道德问题与法律挂钩,全盘地将道德法律化。另一方面,法律也应该有明确的边界,法律守护人们的权利,捍卫人们的自由。法律与现代人的政治公共生活密不可分,守护社会秩序。从道德向法律的转换,在某种意义上,就是从"义务本位"到"权利本位"的转换,这一转换背后最大的推动机制是社会主义市场经济主体的法权意识的增进。在中国式现代化进程中,应充分发挥道德和法律两种不同社会治理方式和价值实现方式的互补作用。如果一味强调法律,就容易忽视调动人的自觉能动性,再好的法律如果缺乏具备法治素养的法律主体,终将难以落实。而如果一味强调道德,不重视法律建设,显然也是违背现代社会的法治要求。现代社会是理性化社会,依法治国是国家的基本方略,以德治国必须是在依法治国框架下展开。

第三,核心价值观与道德、法律协同建设,是从价值论把握道德与法律关系必然的逻辑。与西方的国家治理不同,道德建设、法律建设与核心价值观协同推进,是当代中国法治建设的重要任务。道德和法律均承载了人类社会需要实现的良善价值观,价值建设应纳入道德建设与法律建设之中,以夯实两者的内在根基。从大量的官方文件表述可以看出,核心价值观和道德、法律放在一起,国家迫切需要凝聚力,在社会转型过程中达成社会价值共识,进而为道德建设和法律建设提供充足的价值根基。在社会主义核心价值观融入法治建设的规划中,法治建设以价值论作为根基,积极推进社会主义核心价值观入法,说明社会主义法治追求良法善治,体现社会主义核心价值观对美好生活的追求。2016年12月,中共中央办公厅、国务院办公厅印发的《关于进一步把社会主义核心价值观融入法治建设的指导意见》明确要求:"大力培育和践行社会主义核心价值观,运用法律法规和公共政策向社会传导正确价值取向,把社会主义核心价值观融入法治建设。"在党的二十大报告中,习近平总书记强调指出,"社会主义核心价值观是凝聚人心、汇聚民力的强大力量",要"坚持依法治国和以德治国相结合,把社会主义核心价值观融入法治建设、融入社会发展、融入日常生活"。社会主义核心价值观是中国特色社会主义的价值共识,将其融入公民道德建设和社会主义法治建设的过程,也就是道德与法律的价值实现过程。在国家治理层面,社会主义核心价值观为基础,以德治国和依法治国相辅相成、相得益彰,在价值论基础上实现道德与法律的统一。也就是说,道德和法律统一的根基在于具有鲜明政治性特征的社会主义核心价值观,它是从国家层面思考道德和法律之间内在关系的基石。

第二节　法治与德治结合的价值论基础

从社会发展演进的历程来看,法治不仅是现代文明的产物,也是现代社会管理与国家治理的重要方式。以向善的现代性价值为实质内容,并以理性化、普遍化的规则为基本形式,法治适应了现代社会大规模的社会治理,能够有效调整复杂的现代社会关系,有序规范社会秩序,并实现国家治理的价值目标。就具体落实而言,由于历史文化传统、政治体制的差别,中西方的法治建设尊重各自不同的社会历史文化传统,并体现出自己独特的实践思路。可以说,在当下中国特色社会主义语境讨论法治建设,推进社会主义依法治国存在需要考量自身的特殊性①。如何在现代国家治理视域推进法治与德治相结合,是一个重要的学术话题。本节主要从价值论的视角,基于道德与法律之间内在的价值逻辑,揭示现代国家治理过程中法治与德治结合的价值根基。

---

① (1)在社会主义法治框架下坚持依法治国和以德治国相结合,法治与德治并举是我国法治建设的特色。我国是一个具有浓郁道德传统的国家,长期形成的伦理型文化成为法治中国文本的"前见",是当前法治建设必须加以考虑的文化背景。(2)国家治理现代化是当前法治建设基本的社会语境。国家治理现代化是以习近平同志为核心的党中央提出的治国理政思想的重要内容。国家治理现代化的基本目标是实现善治,而法治是实现善治的重要途径。就此而言,国家治理现代化不仅是全面依法治国的背景,也是全面依法治国的目标。(3)就制度建设与价值建设的关系来说,较之西方社会法治建设呈现出的线性逻辑,鉴于我国处于社会发展的急速转型期,法治建设所依赖的价值共识与法治建设自身需要的制度建设,而更多体现为共时态的轨迹,全面依法治国与社会主义核心价值观建设处于协同作用、共同促进的过程。法治建设在积极汲取社会主义核心价值观的同时,社会主义核心价值观也通过制度化、法治化的方式具体落实。这就分别从历史语境、思想语境和社会语境规约了法治研究的基本取向。

一、法治与德治的价值意蕴

在国家治理现代化的进程中推进依法治国与以德治国相结合，是当代中国特色社会主义建设事业的一项重要战略举措。党的十八届四中全会首次以全会的形式专题研究部署"全面推进依法治国"这一基本治国方略，会议通过的《中共中央关于全面推进依法治国若干重大问题的决定》指出，依法治国，是坚持和发展中国特色社会主义的本质要求和重要保障，是实现国家治理体系和治理能力现代化的必然要求，事关我们党执政兴国，事关人民幸福安康，事关党和国家长治久安。而建设中国特色社会主义法治体系，建设社会主义法治国家，必须坚持依法治国和以德治国相结合。这是全面推进依法治国必须把握的一个基本原则，是关系中国特色社会主义事业长远发展的根本大计。党的二十届三中全会审议通过的《中共中央关于进一步全面深化改革　推进中国式现代化的决定》指出："法治是中国式现代化的重要保障。必须全面贯彻实施宪法，维护宪法权威，协同推进立法、执法、司法、守法各环节改革，健全法律面前人人平等保障机制，弘扬社会主义法治精神，维护社会公平正义，全面推进国家各方面工作法治化。"同时，强调要"教育引导全社会自觉遵守法律、遵循公序良俗"。

应该说，法治与德治的关系并不是一个新问题。尽管我国缺乏西方的现代法治传统，法治并未在中国传统社会获得主导性的治理地位,但长期以来的伦理型文化传统赋予了道德在政治统治与国家治理中的独特位置。以儒家为代表的传统政治哲学认为,道德不仅构成政治实践的重要价值导向,而且也是政治实践主体重要的品格。发端于儒家的仁政思想一直坚持"政治的本质就是道德教化,坚持以美德为政治的基础,以善为政治的目的,以仁贯通于政治的实践"。这样的德性政治观认为,道德比法律更具有优先地位,以德治国也因此成为儒家基本的治国方略。"以德治国不仅表达了儒家对治国方略的深刻睿见,其背后包含着儒家对人民的关切和爱护,预设了政治要保障人民的生活温饱、社会的安定和平目标。"①可以说,德治是中国古代国家治理的重要模式。

伴随着传统与现代的转换、社会的转型,中国特色社会主义的持续推进,尤其是社会主义市场经济的发展,传统的德治模式已经难以适应现代社会发展,迫切地呼唤现代法治。1997年,党的十五大明确提出"依法治国,建设社会主义法治国家"的重大战略任务,并于1999年将"依法治国"写入了《宪法》。在依法治国的框架下,党重视汲取优秀传统文化精髓,进一步提出了以德治国的德治思想。2000年6月,江泽民在《中央思想政治工作会议上的讲话》中不仅提出德治的思想,而且就法律与道德、依法治国与以德治国关系作出阐释。2001年1月,在全国宣传部长

---

① 陈来:《孔夫子与现代世界》,北京大学出版社,2011年,第170页。

会议上,江泽民明确提出了"把依法治国与以德治国紧密结合起来"的治国方略。2002年10月,党的十六大报告将依法治国与以德治国相结合、依法治国与以德治国相辅相成,作为我们党领导中国人民进行社会主义现代化建设过程中的重要历史经验加以总结,此后,依法治国与以德治国相结合的基本治国方略得以确立。2014年10月,中国共产党召开十八届四中全会,聚焦"依法治国",这是改革开放以来首次以"依法治国"作为主题的党的全会,会上提出"依法治国与以德治国"相结合,在全新的时代语境下再次重申法治与德治相结合的命题。2016年12月,中共中央办公厅、国务院办公厅印发的《关于进一步把社会主义核心价值观融入法治建设的指导意见》,提出了将社会主义核心价值观融入法治建设的顶层设计,确立了运用法治推动社会主义核心价值观建设的基本方略。2017年5月3日,习近平总书记在中国政法大学调研时,强调中国特色社会主义法治道路的一个鲜明特点,"就是坚持依法治国和以德治国相结合,强调法治和德治两手抓、两手都要硬"。这既是历史经验的总结,也是对治国理政规律的深刻把握。由此,法治与德治相结合,成为中国特色社会主义法治的重要特征,不仅为官方政治文件所确认,还获得了意识形态的指导地位。

在法治与德治的关系上,学术界基本上坚持认为两者之间是相辅相成、相互结合的关系。罗国杰先生曾对德治与法治关系做出系统论证和权威解释,他在依法治国的框架下全面地阐释了"以德治国"的内涵,德治不是人治,而是法治的进一步强化和支撑。在一个健全的社会中,法治和德治,确如车之两轮,鸟之两翼,一个靠国家强力机器的强制和威严,一个靠人们的内心信念和社会舆论。社会主义的法治与德治相互结合,是马克思主义的政治建设、法治建设和道德建设相结合的一种最完善、最有效的治国国策,对于维护社会主义国家的治理来说,必将取得前所未有的社会效果。可以说,2001年前后几年间,随着党中央提出依法治国与以德治国相结合的方略,一段时间里,德治与法治的研究掀起了阶段性的热潮。党的十八届三中、四中全会为法治与德治的结合研究提供了全新的契机。2013年召开的党的十八届三中全会,在论述全面深化改革的总目标时,提出了"推进国家治理体系和治理能力现代化"的时代课题。国家治理现代化的提出不仅是社会主义发展的必然要求,也是中国共产党执政理念与治国理念的重大创新。国家治理体系与治理能力现代化,是今后一个时期社会发展的整体目标,为我们提供了思考法治与德治最基本的理论语境。随后,理论界再次迎来法治与德治研究的高潮,出现大量研究依法治国与以德治国关系的学术专著、论文。

  总体上看,关于法治与德治的研究依旧局限在以往德治与法治讨论的框架,停留于一般性的结论之中,探究法治与德治相互依存、相互支撑的结合之路。至于法治与德治相结合的基础,学界更多的是按照二者调整对象与调整功能的互补性做出论证,即便是在国家治理现代化的全新语境下,这种从功能、手段互补进行阐述的意味也较为明显。

这种研究思路可以称为"社会哲学"范式,即在处理法治与德治相结合关系的问题上,从社会的整体目标入手,从法治与德治的手段、功能、意义互补的角度,揭示二者相结合的依据,并依据法治与德治结合的现实效果最大化,寻求解决路径。其基本的思考路径是:(1)从社会的整体性目标入手思考法治与德治,作为两种不同的治理逻辑,法治与德治的出发点是治理所要实现的社会整体目标;(2)法律与道德、法治与德治都被作为旨在调整社会关系,发挥社会功能的手段定位;(3)以国家治理为目标,甄别法治与德治在调整范围、手段方式、作用方式的互补、配合作用;(4)依据道德与法律、德治与法治的互补性,在实践领域提出具体的配合、互动策略。

这种社会哲学的研究范式,更多是从外部的治理手段意义上把握法治与德治,以国家治理的某种目标为价值导向,寻求法治与德治的结合之道。然而,这种思考路径容易忽视国家治理应有的价值维度,尤其是法治与德治内在的价值契合性及其在现代国家治理的价值协同性以及价值实现机制。

从根本上说,"实践活动同时也是价值活动"[①],作为政治实践活动的现代国家治理本身也是一项价值活动。社会哲学范式

---

① 王玉樑:《从理论价值哲学到实践价值哲学》,人民出版社,2013年,第378页。

基于现代国家治理现实社会目标的要求,寻求调整手段的互补性,缺乏从现代社会主体的现实需要思考的角度,未能从现代国家治理现代化对人的需要的角度把握德治和法治的内在关系,未能将道德、法律作为两种社会价值形态,在协同促进美好生活的目标取向之下,结合国家治理的价值目标,在此基础之上合理安排法治与德治的价值定位。由此,现代国家治理要实现应有的社会与个体的发展目标,体现其应有的价值向度,就需要实现从关注社会调整方式合理性的社会哲学范式,向关注社会主体需求的价值哲学范式的转向。因此,作为两种治理样式的德治与法治,必然需要价值哲学范式的阐释,以揭示两者结合的内在逻辑。

二、法治与德治的价值契合性

从治国理政的角度看,德治与法治都是治国理政的重要方式,也是治理常见的类型。作为一项客观存在的国家治理活动,治国理政是人类历史上普遍存在的价值实践活动,"治国"与"理政"是政府应当承担的政治职能与公共责任。人类在国家管理、社会治理中积累了丰富的思想与实践资源。一般地说,治国理政主要是指执政党或政府开展的政治统治、政府管理和公共治理等具体实践,体现一定的政党、政府或统治阶级价值目标的国家治理方式。治国理政并非一种技术、策略层面的管理方式,而是反映了执政党或政府要实现的价值理想。也就是说,治国理政有着明确的价值愿景,反映统治阶级与大众的价值愿景。这种价值愿景,一方面,是"治"和"理"等具体的治理方式、方法展开的重要指导,规约着"治"和"理"的方式;另一方面,在现实的政治统治过程中,如果"治""理"等手段、策略、方法没有上升到价值层面、承载着统治阶级的价值期待的话,那么,具体的"治""理"方式也很难获得民众内心的认同和支持。对于治国理政来说,"治"和"理"应该都体现出一定的"道",必须要上升"道",同时,治国理政之道又通过技术层面表现出来。可以说,治国理政命题中的"怎么治""如何理"都依赖于治和理最终的目标,指向"为了谁"的问题。

作为一种实质性的体系,中国传统的政治文化要求在国家治理实践过程中采取一种综合性、系统性方式,将国家治理实践看作是诸要素的系统结构。"以一定历史时期人类社会生活为实质内容,政治表现为一种涉及多重维度的社会系统,其中包括观念层面的价值原则或政治理念、体制层面的政治制度和机构、政治生活的主体以及多样的政治实践活动。通过政治实践(治国),以形成一定的政治秩序(国治),同时又进一步赋予这种秩序以新的价值内容,使之更合乎人性发展的要求。"[①]政治主体与政治实践活动密不可分,其中不可避免地涉及政治,既展现为形式性的维度,也展现为实质性的维度,二者在具体的作用过程当

---

① 杨国荣:《政治、伦理及其他》,《河北学刊》2016年第6期。

中相互融入、相互渗透。在马克思看来,人们只有在真正的共同体中才能实现自己的自由。"只有在共同体中,个人才能获得全面发展其才能的手段,也就是说,只有在共同体中才可能有个人自由。"①"在真正的共同体的条件下,各个人在自己的联合中并通过这种联合获得自己的自由。"②而共产主义社会正是为人的自由全面发展提供必须依赖的真正的共同体。"一个更高级的、以每一个个人的全面而自由的发展为基本原则的社会形式"③,"代替那存在着阶级和阶级对立的资产阶级旧社会的,将是这样一个联合体,在那里,每个人的自由发展是一切人的自由发展的条件"④。人的发展依靠于政治共同体,同时,政治共同体也体现、表达社会成员的社会诉求和政治需要,会将社会成员的利益、思想、价值等各方面的需求转化为政治统治的观念,成为政治意识形态和政治价值观的重要方面。与此同时,一定的国家和政府都会将民众的思想、利益、价值需求以治国理政的方式加以实践和体现。

治国理政要实现的价值目标、理想愿景往往不是执政者单方面的意思表示。从根本上来说,只有当执政者(或统治阶级)顺利将民众的意愿、需求转化为政治意志,体现社会民众的基本

---

① 《马克思恩格斯文集》第 1 卷,人民出版社,2009 年,第 571 页。
② 《马克思恩格斯选集》第 1 卷,人民出版社,2012 年,第 199 页。
③ 《马克思恩格斯文集》第 5 卷,人民出版社,2009 年,第 683 页。
④ 《马克思恩格斯文集》第 10 卷,人民出版社,2009 年,第 666 页。

诉求时，政治统治才能够获得真正的合法性。在人类通向美好生活的路上，治国理政中"国"和"政"都是实现这种目标的外在形式，它为人们的生存、发展提供了制度、资源和社会等层面的保障。当然，在传统社会的专制政治下，"家天下"意味着整个天下都是皇帝一人的，专制统治很难让民众有合适的地位，那么治国理政的目标可能更多的是实现专制统治和王朝的稳定。不过，对现代政府来说，政治统治的合法性建立在民意的基础上。现代民主政治在"祛魅"传统神圣权威之后，将政治权威的合法性指向普通民众，政府权力来自人民，体现民众的利益和价值诉求是政府应该承担的公共责任。在卢梭看来，政府必须要建立在"公意"的基础之上，它不是某一个人，也不是某一群人的国家，而应该代表着大多数的人民。洛克在《政府论》中也论证了，政府的构成必须建立在社会成员的一致同意之上，政府和国家权力不过是公民在订立社会契约时让渡出来的。

可以说，现代的西方政府，特别强调和体现治国理政的民主价值，把西方现代资产阶级发展中很多现代性的价值像自由、平等、民主等体现出来。现代政府极力建立在人民共享、自愿、平等、民主的价值基础之上，尤其是西方政府将"民有、民治和民享"（林肯语）奉为政府管理的基本理念。这是因为，在西方民主国家的治国理政中，"国"和"政"都离不开独立、自由、民主的公民。现代政府也应该体现出公共性的价值，建立健全社会的服务体系，满足社会成员的公共需要，这也契合民主政治、公共领域、市民社会、市场经济等的现代社会基础。

由上论述可知,治国理政的价值目标规约着"治""理"的方式。在传统社会的专制政治制度框架之下,治国理政的主要价值在于满足统治阶级政治统治的需要,此时,"治"和"理"主要以专制统治、伦理教化、国家的暴力机器为基本方式。对现代社会来说,治国理政的目标主要是反映民众的利益、思想和价值诉求,采用法治、公共管理、科层制等体现现代性品格的治理方式。当代我国的国家治理现代化旨在追求当前中国亟待实现的现代性价值体系,"现代性价值体系,因为当代中国社会现实生活的本质性维度乃是追求并实现现代化,而在现代化的总体思路中,蕴含着现代性的价值体系"[①]。这项实践活动是中国共产党领导探索社会主义国家治理的重要体现,是马克思主义同中国实践相结合的产物,是不断发展的中国特色社会主义实践,继续丰富和完善治国理论与实践,最终实现"人的全面自由发展"终极性的价值目标。

三. 法治与德治的价值实现

价值论是以人类社会的价值关系作为思考对象的知识体系。在价值论看来,人作为意义的动物,总是根据自身需要与外部世界发生价值关系,也即人作为主体与外部世界客体之间的

[①] 俞吾金:《价值四论》,《哲学分析》2010年第2期。

适应与满足关系。可以说,价值正是体现了主客体之间的需要关系,而以此为研究对象的价值论,旨在揭示价值发生的依据、呈现形态、诸价值之间关系,以及具体的实现形式等基本问题。其中,涉及人类生存生活所要遵循的基本价值原则规范,表达人类生存的价值观照,在价值视域中人展现不同于自然界的根本规定性。可以说,价值论为人们提供一种指向人的生存意义的关系性思维。

可以看出,价值关系本质上是一种"为我"的关系,是一种主体性现象。价值体现了作为主体的现实的人的生存、发展的需要及其能力,以及运用能力创造满足需要的对象和满足需要的多种方式的社会实践过程。"价值问题说到底恐怕还是人的存在和生活意义的问题,人的价值相对于其他价值是一种根本价值、元价值,是作为最终标准和目的的价值。"① 就其实质而言,价值论指向人生存的意义,表达外部世界对人的为我性的关系。马克思说,"凡是有某种关系存在的地方,这种关系都是为我而存在的;动物不对什么东西发生'**关系**',而且根本没有'**关系**'"②,价值由此也体现出强烈的主体性。"价值是客体对主体,特别是对社会主体生存发展完善的积极效应,主要是对主体特别是社会主体发展完善的积极效应,使人类社会更美好,使每个

---

① 马俊峰:《中国价值论研究:特点与问题》,《文史哲》1999 年第 5 期。
② 《马克思恩格斯文集》第 1 卷,人民出版社,2009 年,第 533 页。

人全面而自由的发展。"①

从根本上说,价值的背后是人的生存意义问题。以对人性的提升和自我需要的满足为根本内容,价值论展现出外部世界对人的意义,真正从主体需要的视角理解事物。"人本身以及人所创造的价值,就目的因来说,无非就是要求人的自由、实现人的自由,所以作为价值体系的最基本的东西,就是自由的劳动。各种不同的文化价值体系有差别,但一个价值体系是否包含有合理的东西,就看它对于自由劳动是否有贡献。自由的劳动作为文化史的总的目的因,可以说是价值体系的基石。"②由此,价值论与人的需要、人性的提升与自我实现紧密相关,是一种从主体生存审视外部世界的视角。"与反映'对象、客体的尺度'的属人世界、即事实世界不同。只有当客体的存在、属性与主体的存在、需要、能力等发生联系,即用主体尺度加以衡量的时候,主客体之间才构成价值关系。因此,价值的根本特征在于它的'属人性'或'主体性'。"③

与此同时,价值关系是人类社会实践发展的产物,而人类社会实践是一个客观的社会历史活动,它由此决定了价值的客观性。与此同时,价值的主体需求也具有客观性。尽管不同的主

---

① 王玉樑:《从理论价值哲学到实践价值哲学》,人民出版社,2013年,第377页。
② 冯契:《冯契文集》第3卷,华东师范大学出版社,1996年,第100—101页。
③ 孙伟平:《当代哲学中的价值论转向》,《天津社会科学》2002年第5期。

体会有不同的需求,但是这些需求总是反映出人之为人共有的、普遍性的客观需求,以展现出人异于物、又贵于物的品格。此外,就价值实现的活动过程来说,它依赖于外在、客观的社会条件,具有客观实在性。从这个意义上说,价值论并非人们主观臆想的产物,而是对人在现实的生存实践活动的反映,在客观的社会历史进程当中体现人的主体性、意义性等生存本性。与传统的主客二分的现代认识论相比,价值论更加注重人的类的生存本性,人按照自己的现实需求、意义创造来建构理想生活。此外,与主观主义的价值论相比,对价值的认识应置于历史唯物主义的视野,人类社会遵守客观的社会发展规律,由此,价值关系也体现出客观性,避免走向价值相对主义。

以价值论为视域,所谓的法治与德治研究的价值论转向,就是在理解和把握德治和法治关系的时候,应该摒弃以往的工具论思路,从德治、法治这两种治理方式与人的需要的满足关系入手,揭示法治与德治的价值属性,寻求两者结合的价值根据,并在此基础上探索两者结合的实现机制。以价值论开启法治与德治的研究,表达出法治和德治的价值本性,也体现出二者在现代国家治理过程中的内在契合和实现机制。就其理论目标而言:(1)揭示法治、德治的价值本性与深层的价值内涵,以及在现实现代国家治理过程中,二者之间相互支撑、有效配合的价值契合性;(2)法治与德治作为两种不同的治理方式,各自都有各自的价值特征,两者内蕴的不同类型的价值原则、要素、特征等,揭示出法治与德治何以能够结合的根基;(3)依据价值实现的一般原理,探讨德治法治结合的具体逻辑,为两者如何结合提供具体的价值实现路径。从这个意义上说,法治与德治结合研究的价值论转向,意味着国家治理现代化在本质上是一种追求现代性的价值目标实现的活动。按照现代国家治理应有的价值要求和内在的价值结构,探讨法律和道德作为两种不同的治理手段,在价值根源上的一致性、价值生成上的契合性,以及价值实现过程中的互补性,具有重要意义。

法治与德治结合研究的价值转向,意味着从社会发展以及人的需要满足的角度来把握道德和法律的关系。以此为视域,现代国家治理被视为一个价值实现的运动过程,在此过程中讨论德治与法治作为两种不同的治理手段,在推进社会管理的价值目标和人的整体发展的过程中的价值关系形态。相比较社会哲学范式将法律和道德看作社会管理系统中两种不同的工具性存在,价值哲学则更多体现社会发展过程中主体的目标、价值和利益的满足,展现价值论独特的主体指向与价值关怀。在价值论的解释框架中,国家治理现代化之所以需要德治和法治,源自法治、德治这两种不同的方式不仅是国家治理承载的、能够表达现代国家治理和人的生存状态所需要的价值体系的必然选择,而且,法治与德治、法律与道德本身就具有强烈的价值内涵,值得追求,值得相互结合。

当然,在特定的社会发展阶段,社会哲学范式本身就是特定时代的思想产物。在改革开放之前,个体的自主性、独立性、流动性相对较差,个人对整体依赖和服从,集体主义是人们社会生活主导性的价值原则,社会科学也受整体主义的支配。随着社会主义市场经济不断地发育发展,人们的主体意识不断觉醒,自由平等的价值观念也逐渐地得到高扬,强调人的主体性意识成为时代发展和国家治理的重要议题。现代国家治理必然体现现代文明最根本的价值追求,如果诸如平等、自由、权利等基本的现代性价值无法确立,个人作为价值主体的身份无法得到认识,那么,以此为基础的法治、现代国家治理也将难以有效展开。诚如冯平教授所言,"只有作为价值主体的个体的确立,才有可能在市场经济为基础的新的社会模式下谈及权利、谈及权利基础上的民主和以民主为前提的法治。以个体的自由、平等为基础的法治社会是现代社会的本质特征。尽管普及这一新的思维方式和价值观念的事业仍任重道远"①。以满足人的需要,促进人的自由全面发展作为价值主线贯穿整个现代国家治理的过程,那么同时,在此框架下,德治、法治、现代国家治理分享了价值目标的一致性。

如上文所述,以治国理政为基本表现形态的国家治理现代化,不仅是一个技术性问题,更是一种价值观念的问题。现代国家治理既体现出马克思主义的人民观,也吸纳中华优秀传统文

---

① 冯平:《中国价值论研究范式的现状与转型》,《哲学动态》2014 年第 4 期。

化,同时汲取有益的现代性价值。从结构上看,现代国家治理可以分为两个层面:国家治理实践与国家治理主体。就前者而言,它涉及治理体系的价值正当性以及治理体系的有效性。治理体系的有效性离不开治理体系的正当性。正当性的问题本质上是一个价值问题,它以现代国家治理是否符合社会发展的价值原则要求和人类自身的人性要求为凭据。就后者而言,国家治理的主体本身也存在道德规约的问题,即国家治理主体不仅仅是一个政治主体,而且具有强烈的道德意涵。从公务员的职业道德到个体的内在修养,治理主体自身的能力、德性、品格,对国家治理都起了至关重要的作用。从这个意义讲,现代国家治理不能够简单认定为技术性问题,而更多是一个价值问题。一个现代国家治理如何有效地实现价值目标,以能否实现社会历史发展与人类自身发展所需要的核心价值作为根本性的评判标准。

以此为最终的价值指向,法律与道德不再被理解为一种手段,道德以人内心的精神自律为表现形式,而法律以社会的外部规范为表现形式,均从不同的维度上体现向善的价值追求。在成善之道的过程中,二者也表达了不同层次的价值追求以及具体实现方式。法律予以规范普遍性、外化的方式让人们应当做什么,而道德是以内在的精神自律方式让人自觉去做。在追求人类生活与人性发展的价值的过程中,既可以通过制度规范的方式加以落实,也通过德性养成的方式凝练成为主体品格。作为具有鲜明价值意蕴的治理方式,两者又是相互配合、相辅相成的,并因其拥有共同的价值根基,在国家治理现代化的进程中以协同、共合的方式发挥作用。"法治与德治功能互补的基础是两者具有一定程度的价值相通性,或者某种程度的价值重叠。否则,它们之间的功能就可能毫不相干,甚至相互抵触。换句话说,如果没有共同的价值基础作支撑,法治和德治相互间的功能互补是不可思议的。"① 长期以来,道德与法律、法治与德治常常被视为工具性的存在,人们难以真正地理解并从内心认同这些道德与法律的价值内涵。

此外,从价值论角度审视法治与德治的结合问题,较为契合当代中国国家治理现代化的思想语境。社会主义核心价值观是当代中国社会的价值共识,也是价值建设的核心问题,它成为当代中国思想文化领域最大的事实,也是思考法治与德治关系必须立足的现实语境。与西方国家法治建设的轨迹不同的是,当代中国价值共识的发育与国家治理现代化展现同步。在国家治理现代化过程中体现、弘扬、推进以及实现社会主义核心价值观,既是保证国家治理现代化正当性的依据,也是国家治理现代化所要实现的价值目标。当代中国的国家治理以整体性、多领域、分层次的方式,表现在经济、政治、文化、社会生活的各个领域。而作为当代中国社会的价值治理的手段,社会主义核心价值观从国家、社会、个人等各个层次规范整体社会制度安排,渗

---

① 余玉花:《论德治与法治同构的价值基础》,《中共贵州省委党校学报》2014 年第 1 期。

透在现代国家治理的方方面面。由此,能不能最大限度去吸纳价值共识,并将其容纳于国家治理的各种手段方式当中,成为国家治理现代化考虑的必然课题。

无论是当代的国家治理,还是法治和德治的具体建设过程,都应该体现出社会主义核心价值观建设这一背景性的思想语境,展现出它们相互之间的内在关系。不仅如上文所说,现代国家治理本身就是一个实现社会主义核心价值观的过程,并与社会主义核心价值观保持平衡、互动和相互推进的关系。而且,在德治和法治的各自建设过程当中,也体现出与社会主义核心价值观的关联。就道德或德治而言,"德"本身就是个价值范畴。习近平总书记赋予社会主义核心价值观以大德的地位,认为社会主义核心价值观是一种德,既是个人的德,也是社会的德、国家的德。在这个意义上看,价值观与德相通,德治从根本上说,可以视为社会主义核心价值观的建设。在《中共中央关于全面推进依法治国若干重大问题的决定》论及法治、德治的时候,都会涉及社会主义核心价值观,诸如"大力弘扬社会主义核心价值观""贯彻社会主义核心价值观""深入开展社会主义核心价值观和社会主义法治理念教育"等论述,都隐含了法治、德治及社会主义核心价值观内在关系。在社会主义核心价值观融入法治建设、社会发展、日常生活方面,我们也做了制度和政策安排,坚持依法治国和以德治国相结合,依法治国和依规治党有机统一,提高全民族法治素养和道德素质。《中共中央关于党的百年奋斗重大成就和历史经验的决议》提出要"完善社会治理体系,健全党组织领导的自治、法治、德治相结合的城乡基层治理体系"①,让社会既充满活力又和谐有序。

现代国家治理实践在实现社会治理目标和促进人性发展、满足人的需求等方面,德治与法治能够统合、协调一致,在实践中也能有效地跳出法治与德治的工具论和形式主义的法治观。按照孙伟平的说法,哲学视域中的价值论转向会引起根本性的哲学思维方式和世界观的变革,甚至引起整个哲学精神的变化。"哲学不仅仅追求客观知识,更重要的是以人为本,关心人与人类的生存状况和命运,建设一个更加美好的、合乎人性的、每个人都能得到自由和全面发展的世界。"②同样,法治与德治结合的价值论转向,能够展现法律、道德应有的价值关怀,有效地实现抑恶和扬善,规范制约和品格修养、高层价值追求和最低价值底线之间互动,有利于把握和体现二者在价值实现过程中的相互配合、相互支撑。由此,以现代国家治理为视域,从价值论把握法治与德治关系,将从本质上展现道德、法律应有的人性关怀,满足人的合理需求,敞开人的自由之境,在实现人的自由全面发展,以及获得现代性价值的过程当中实现德治和法治内在联系和相互耦合。

---

① 《中共中央关于党的百年奋斗重大成就和历史经验的决议》,人民出版社,2021年,第50页。
② 孙伟平:《当代哲学中的价值论转向》,《天津社会科学》2002年第5期。

第三节　现代国家治理的价值基础

党的十八大以来,以习近平同志为核心的党中央领导集体,根据当代中国社会发展的新阶段,结合中国的党情、世情、国情,提出了治国理政的新理念、新思想、新战略。当前,学界较多地关注治国理政的历史基础、现实基础、理论基础和政治基础等①,但对治国理政的价值基础还缺少深刻揭示,由此遮蔽了治国理政命题本有的价值意蕴和价值关怀。事实上,"治国理政"命题不是单纯的技术性、手段性、策略性判断,其中的"治"和"理"都不是简单的统治技术或策略,而是渗入了政治实践主体的价值理想与价值原则,体现出鲜明的价值意蕴和强烈的价值主体性。也就是说,治国理政背后深刻地反映了"治国"和"理政"的价值目标,在根本上体现了治国理政"为了谁"。

一、"治国理政"的价值意蕴

作为独立的政治术语,"治国理政"直到中共十八大之后才出现,中共十八届五中全会正式使用了"治国理政新理念、新思想、新战略"表述。然而,作为一项治理国家、管理民众的政治实

---

① 韩庆祥:《习近平治国理政思想的四大基础》,《中国特色社会主义研究》2016年第 2 期。

践活动,治国理政是人类社会普遍存在的社会现象。人是生活在共同体中的政治动物,政治系统与人的存在密不可分,政治实践主体通过对政治共同体成员规范、引导和对公共事务的治理,实现各项政治、社会功能。以政治统治、社会管理及公共服务为指向,"治国理政"表现为政治实践主体按照合理的政治制度、体制设计,借助多样化的政治实践活动,将一定价值原则和价值理想化为现实的过程。宽泛而言,治国理政是指政治实践主体(主要是执政党或政府)开展的政治统治、政府管理和公共治理等具体实践活动。学界通行的"治国理政"有特定的内涵,主要特指十八大以来以习近平同志为核心的党中央领导集体所提出的一系列治国理政新理念、新思想和新战略。

就"治国理政"的构成而言,它并不仅仅是技术、策略层面的管理方式,而是反映了执政党、政府或统治阶级的价值理想与价值原则。作为政治主体发动的政治实践活动,"治"与"理""总是受到一定的价值原则、价值理想的制约",并从实质层面表现为合乎人性的合理需要,"对人类走向合乎人性的存在、合乎自由的理想具有积极意义"[①]。这种价值原则与价值理想规约了"治""理"的方式,成为"治"和"理"等具体治理活动展开的重要指导。另一方面,在现实的政治实践过程中,如果"治""理"等手段、策略、方法没有上升到价值层面,渗入政治实践主体的价值理想与

---

① 杨国荣:《政治哲学论纲》,《学术月刊》2015年第1期。

价值原则的话,那么,具体的"治""理"方式将会缺乏正当性,很难获得民众内心的认同和支持。

关于治国理政命题中"手段"与"目的"的关系,中国哲学"道""技"的辩证关系能够较好地给予解释。"道"体现为一种普遍性的价值理想、准则、标准,"技"更多从技术层面来讨论具体的操作方法、技巧、策略。手段性的"技"只有上升到理想性的"道"才能实现对事物的完整理解。"'技'和'道'区分的内在含义在于:前者仅仅限定于知识性、技术性的特定规定,后者则是对事物整体性、全面性的理解,与之相关的'技进于道',意味着从对世界的经验性、技术性了解,提升到对世界整体性的把握。"①对于治国理政来说,"治"和"理"应该都体现出并最终上升为"道",反映政治实践主体的价值理想与价值原则,同时,"治国理政"之道又需要借助技术层面"治""理"等实践活动表现出来。可以说,治国理政命题中的"怎么治""如何理"都依赖于"治"和"理"的最终目标,指向"为了谁"的问题。

从根源上说,治国理政的价值品格关乎人的政治性存在方式。马克思说过,"人的本质不是单个人所固有的抽象物,在其现实性上,它是一切社会关系的总和"②。人的社会性意味着,人的存在依赖于诸多现实的社会形式。其中,最为重要的当属政治共同体。作为"天生的政治动物",人需要在政治共同体中成

---

① 杨国荣:《中国哲学二十讲》,中华书局,2015年,第22页。
② 《马克思恩格斯选集》第1卷,人民出版社,2012年,第135页。

长和发展,展现出人的生命本性,成就自我。人的发展依靠于政治共同体,同时,政治共同体也表达社会成员的社会诉求和政治需要,并将社会成员的利益、思想、价值等各方面的需求上升为政治意识形态或核心价值观。与此同时,执政党或政府也会将民众的思想、利益、价值等需求在治国理政的具体政治实践活动中体现出来。可以说,人的政治性存在方式,决定了人必须寓于"国"、参与"政",并投身于执政党或政府开展的"治""理"等具体政治实践活动,其中,人的合理需求在治国理政的过程中如何合理地以政治的方式实现,无疑关乎"治国理政"的价值定位。

就治国理政的价值内容而言,治国理政的价值理想与价值原则不能体现为执政者单方面的意志,而是需要反映民众的合理需要。从根本上来说,只有当执政者(或统治阶级)顺利将民众的合理意愿转化为政治意志,将合乎人性发展的需求以政治的方式表现出来,政治统治才可以获得真正的合法性。在人类通向美好生活的路上,治国理政中的"国"和"政"都是实现这些目标的外在形式,为人们的生存发展提供制度、资源和社会等层面的保障。在传统社会的专制政治制度框架之下,治国理政旨在满足统治阶级政治统治的需要,此时,"治""理"采取专制统治、伦理教化、暴力机器等方式。而对现代政府来说,政治统治的合法性建立在民意的基础上。现代民主政治在"祛魅"传统神圣权威之后,政治权威的合法性指向普通民众,体现民众的价值诉求是政府应该承担的公共责任。治国理政的目标主要是反映民众的利益、思想和价值诉求,并主要采用法治、公共管理、科层制等体现现代性的治理方式。

中国共产党领导的治国理政具有更加丰富的价值意蕴。它是马克思主义同中国实践相结合的产物,是中国共产党根据不断发展的中国特色社会主义实践,探索社会主义国家治理的重要体现,旨在最终实现"人的全面自由发展"终极性的价值目标。作为国家治理体系和治理能力现代化的重要战略步骤,习近平治国理政思想进一步丰富和完善了社会主义治国的理论与实践,不仅在治理的整体目标上关涉良善的状态,以善治为最终的价值指向,而且贯彻以人民为中心的发展理念,关心每个社会成员现实的、具体的需求。

二、"治国理政"深刻体现马克思主义人民观

马克思主义人民观认为,人民群众是历史的创造者,在社会历史发展中居于主体地位。"人民主体思想是中国共产党人一以贯之的思想,实现人民主体地位是中国共产党人孜孜不倦的追求。"① 作为具体、历史的观念,"关心人民""以人民为本""为人民服务"不是抽象、简单的空头说教,尊重人民的权利和主体地位也不是资产阶级喊出的抽象口号,而是需要实实在在地落到实处。马克思不是抽象地谈论人,他揭露了资本主义生产方式

---

① 郭广银:《中国共产党人民主体思想的理论演进与实践发展》,《中共中央党校学报》2013年第5期。

对人的异化，批判了资产阶级民主制度下自由、平等、权利等观念的虚假性。他从"现实的人"出发，明确将考察的起点归结为"从事实际活动的人"，人类社会的历史**不过是**人民群众的历史，"历史不过是追求着自己目的的人的活动而已"①，"决定于活生生的人民群众本身的发展，他们本身自然为一定的、本身也在历史上产生和变化着的条件所左右"②。人民群众是历史的创造者，充分尊重人民群众的首创地位是马克思主义政党的精神品格。满足人民群众的现实需要，不仅是中国共产党人矢志不渝的价值追求，也构成治国理政的价值根基。

中国共产党始终以全心全意为人民服务为根本宗旨。毛泽东同志尤其重视人民的地位，发挥人民群众的作用。在《为人民服务》一文中，他指出，"我们这个队伍完全是为着解放人民的，是彻底地为人民的利益工作的"，"只要我们为人民的利益坚持好的，为人民的利益改正错的，我们这个队伍就一定会兴旺起来"③。在革命战争年代，他广泛地发动人民群众，善于从人民群众中学习，汲取智慧，同时本着全心全意为人民服务的宗旨开展革命和建设工作，领导中国人民取得了中国新民主主义革命的重大胜利。在改革开放和社会主义现代化建设新时期，中国共产党始终坚持人民的主体地位，充分发挥人民在中国特色社会

---

① 《马克思恩格斯文集》第 1 卷，人民出版社，2009 年，第 295 页。
② 《马克思恩格斯全集》第 10 卷，人民出版社，1998 年，第 318 页。
③ 《毛泽东选集》第 3 卷，人民出版社，1991 年，第 1004—1005 页。

主义的积极作用。在现代化的各项事业中,中国共产党始终保持着先进性,代表中国先进生产力的发展要求、代表中国先进文化的前进方向、代表中国最广大人民的根本利益。"立党为公,执政为民"是中国共产党的执政本色。胡锦涛同志曾强调,"全党同志必须坚持全心全意为人民服务,做到权为民所用、情为民所系、利为民所谋,使我们的工作获得最广泛、最可靠、最牢固的群众基础和力量源泉,使我们的事业经得起任何风浪、任何风险的考验"①。习近平总书记上任之初就明确表示,"人民对美好生活的向往,就是我们的奋斗目标"②,他将自己的执政理念概括为"为人民服务,担当起该担当的责任"。这既体现了马克思主义的人民观,也是中国共产党全心全意为人民服务的执政本色。当前,中国社会发展进入全面、深度的转型期,面对的挑战、困难前所未有,以习近平同志为核心的党中央运用战略思维,统筹安排、顶层设计,做出全面深化改革的重大战略部署,推进国家治理体系与治理能力现代化建设,提出"四个全面"战略布局、"五大发展理念",这在根本上体现出"人民至上"的价值目标。习近平强调:"我们党来自人民、植根人民、服务人民,党的根基在人民、血脉在人民、力量在人民。失去了人民的拥护和支持,党的

---

① 中共中央文献研究室编:《十七大以来重要文献选编》(下),中央文献出版社,2013年,第102页。
② 《习近平谈治国理政》第一卷,外文出版社,2018年,第4页。

事业和工作就无从谈起。"①改革的目的就要让人们得实惠,切实增强人民群众的根本利益,让人们有满足感、获得感和幸福感。

中国共产党是能够顺利实现治国理政价值目标的关键。针对当前新形势下党内建设面临的"四大考验"和"四种危险",需要中国共产党在这过程中发挥决定性的作用,每个共产党员必须要增强"拒腐防变"的能力,加强党性修养,提升自己的马克思主义修养,将马克思主义基本理论作为领导干部的看家本领。习近平强调党员干部要加强学习,克服"本领恐慌"。"全党同志特别是各级领导干部,都要有本领不够的危机感,都要努力增强本领,都要一刻不停地增强本领。"②习近平总书记高度重视党内建设,多次强调要永远恪守全心全意为人民服务的宗旨,保持党同人民群众密切联系的优良作风。"实现党的十八大确定的各项目标任务,关键在党,关键在人。关键在党,就要确保党在发展中国特色社会主义历史进程中始终成为坚强领导核心。关键在人,就要建设一支宏大的高素质干部队伍。"③同时,习近平总书记高度重视党内的党风廉政建设,加大力度反腐,"打老虎拍苍蝇",净化党内风气,坚持党要管党、从严治党,真正让中国共产党成为全国人民的主心骨,成为坚强的领导核心。在选拔干部的标准上,他将"人民群众是否信得过"视为重要的评判标准。

---

① 《习近平谈治国理政》第一卷,外文出版社,2018年,第367页。
② 《习近平谈治国理政》第一卷,外文出版社,2018年,第403页。
③ 《习近平谈治国理政》第一卷,外文出版社,2018年,第411页。

"我们提出政治上靠得住、工作上有本事、作风上过得硬、人民群众信得过等具体要求,突出了好干部标准的时代内涵。"①

开展党的群众路线教育实践活动是保持党和群众血肉联系的重要方式。群众路线是党的基本工作路线,也是将治国理政价值目标具体落实的重要途径。在新形势下,群众路线教育应根据群众工作的特点,组织、宣传、教育、服务群众,向群众学习,接受群众的监督。实际上,对待人民群众的态度,也反映出一个共产党员是否具有优秀的精神品格。习近平总书记强调,"群众路线是我们党的生命线和根本工作路线,是我们党永葆青春活力和战斗力的重要传家宝","群众路线本质上体现的是马克思主义关于人民群众是历史的创造者这一基本原理"②。要从人民伟大的实践中汲取智慧和力量,办好顺民意、解民忧、惠民生的事情,纠正损害群众利益的行为。坚持人民群众的主体地位,充分调动人民的积极性,始终是我们党立于不败之地的强大根基。因而,要始终保持党同人民群众的血肉联系,这关系我们党执政的基础。"开展党的群众路线教育实践活动,就是要把为民务实清廉的价值追求深深植根于全党同志的思想和行动中,夯实党的执政基础,巩固党的执政地位,增强党的创造力凝聚力战斗力,使保持党的先进性和纯洁性、巩固党的执政基础和执政地位

---

① 《习近平谈治国理政》第一卷,外文出版社,2018年,第412页。
② 《习近平谈治国理政》第一卷,外文出版社,2018年,第27页。

具有广泛、深厚、可靠的群众基础。"①

中国梦系列的教育活动体现治国理政的价值理想。中国梦是实现中华民族伟大复兴的梦想,"凝聚了几代中国人的夙愿,体现了中华民族和中国人民的整体利益,是每一个中华儿女的共同期盼"②。中国梦体现了治国理政所要实现的价值目标,是能够将个人和国家统一起来的"黏合剂"。每个人的前途和命运都与国家和民族的前途命运紧密相连,祖国的荣辱兴盛会直接影响到个人的安定幸福,而个人的一举一动都会影响着国家的繁荣昌盛。"中国梦归根到底是人民的梦,必须要紧紧依靠人民来实现,必须不断为人民造福。"③中国梦本质上是人民的梦,也意味着执政党应始终把人民群众放在最高的位置,强调人民群众在国家战略发展走向上的决定作用。"一个国家选择什么样的治理体系,是由这个国家的历史传承、文化传统、经济社会发展水平决定的,是由这个国家的人民决定的。"④

三、"治国理政"充分吸收现代性价值

治国理政的总目标是推进国家治理体系和治理能力现代化。党的十八届三中全会通过的《全面深化改革的若干重大问

---

① 《习近平谈治国理政》第一卷,外文出版社,2018年,第368页。
② 《习近平谈治国理政》第一卷,外文出版社,2018年,第36页。
③ 《习近平谈治国理政》第一卷,外文出版社,2018年,第40页。
④ 《习近平谈治国理政》第一卷,外文出版社,2018年,第105页。

题决定》,提出了全面深化改革目标是国家治理现代化。所谓的国家治理现代化,就是要在治国理政的过程中,按照现代化基本要求,充分吸纳、注入并体现现代性的价值元素,使国家治理体系体现出现代特质。当前,社会阶层的分化,利益格局的变动,市场经济的深度发展,社会公平问题的提出,都预示了社会领域的系统变革,也为现代国家治理提供全新的社会语境。尤其是,党内出现的"四信危机"、"四大考验"、腐败问题等,已经严重地影响到党的执政基础。这从客观上倒逼国家治理方式的现代转型。

现代国家治理不仅是治国理政必经的历史阶段,也是借鉴西方国家成熟的现代文明的结果。在全球化、信息化、技术化充分发展的时代,互相交流已成为不同民族发展的常态。"当今世界,人类生活在不同文化、种族、肤色、宗教和不同社会制度所组成的世界里,各国人民形成了你中有我,我中有你的命运共同体。"[①]"文明因交流而多彩,文明因互鉴而丰富。文明交流互鉴,是推动人类文明进步和世界和平发展的重要动力。"[②]尽管不同国家存在社会文化传统的差别,但在人类社会的治国理政的实践中,必然共享着可以相互借鉴的宝贵经验。在社会全面转型的背景下,充分吸纳现代性的元素,为国家治理提供现代性的价值引导,成为现代各国政治治理的通行做法。

---

① 《习近平谈治国理政》第一卷,外文出版社,2018年,第261页。
② 《习近平谈治国理政》第一卷,外文出版社,2018年,第258页。

在现代性诸价值中,现代国家治理尤其注重制度规范的社会功能,由此,法治成为现代国家治理的核心价值和重要方式。制度是调节社会利益关系、协调社会矛盾的稳定性、常规性的规则体系。作为人与人相互联系的中介,制度通过规范体系将人们的社会活动置于一定的目的之下,按照一定的原则、程序、规则,使人们各项社会活动常规化、常态化。讲法治、重规则、讲程序,既是现代性价值的体现,也是国家进行大规模的社会治理的重要方式。现代国家治理要面对复杂性的情况、多样化的社会群体、异质性的社会诉求,制度规范能够有效地进行社会整合。现代社会以主体性、理性为基本价值追求,国家治理的基本方式依赖于理性化的普遍原则。黑格尔曾指出,"现代国家的原则具有这样一种惊人的力量和深度,即它使主观性的原则完美起来,成为独立的个人特殊性的极端,而同时又使它回复到实体性的统一,于是在主观性的原则本身中保存着这个统一"①。较之传统社会以血缘、地缘为纽带,现代社会人与人之间以契约为基本的连接纽带。人们的理性精神、契约意识在社会生活中起到重要的规范作用。特别是伴随社会结构的公共转型,自主、独立的社会成员交往钩织了公共生活领域,制度规范成为基本的调解方式。社会成员只有秉持最基本的公共理性,整个公共生活乃至社会生活才可能井井有条、有序运转。可以说,制度、法

---

① [德]黑格尔:《法哲学原理》,范扬、张企泰译,商务印书馆,1961年,第260页。

治成为现代政府进行国家治理的基本方式,加强制度建设也成为现代政府的公共责任。

从价值构成来看,我国的治国理政吸纳了现代国家治理的基本价值,尤为注重制度建设,特别是将法治上升为国家治理的基本方略。习近平总书记特别重视制度的重要作用,尤其是在党建领域,突出强调制度对权力的约束作用,指出"要加强对权力运行的制约和监督,把权力关进制度的笼子里,形成不敢腐的惩戒机制、不能腐的防范机制、不易腐的保障机制"①。党的十八届三中全会将全面依法治国提上日程,明确提出全面推进依法治国,建设社会主义法治国家;法治是治国理政的基本方式,"法治与国家治理息息相关。推进国家治理现代化,必然要求推进国家治理法治化,这是国家治理现代化题中应有之义"②。从而,将法治上升到前所未有的高度,这是党的治国理政的重大创举,也是当代中国步入成熟的现代文明的体现。在将法治作为治国理政基本方式的同时,我们党也突出强调法治和德治的结合。法律是成文的道德,道德是内心中的法律。坚持依法治国和以德治国相结合,把法治建设和道德建设紧密结合起来,把他律和自律紧密结合起来,能够使法治和德治相辅相成,相互促进。

---

① 《习近平谈治国理政》第一卷,外文出版社,2018年,第388页。
② 张文显:《法治化是国家治理现代化的必由之路》,《法制与社会发展》2014年第5期。

四、"治国理政"赓续中华优秀传统文化

作为具体的、历史的政治实践活动,治国理政的思路和方法并不是普世和万能的,而是需要根据中国特色社会主义的实践,结合我们的国情、世情、党情而进行整体设计和统筹安排。中国传统文化是治国理政的文化土壤,其中蕴含了丰富的国家治理思想,亟待被现代国家治理充分汲取、吸纳、转化,成为治国理政价值的重要构成因素。传统文化在思维、内容和价值等方面,可以为治国理政提供"创造性转化"和"创新性发展"。具体来说,有以下几个方面。

"天人合一"的思维方式。"天人合一"强调"天"与"人"的相交、相通、相融,在现实层面上,体现为自然、人类、社会与精神各领域相互之间追求和谐的一致性状态。"天"与"人"虽有区别,但两者始终追求统一。所谓"天人合一",是人与自然、人的物质世界与精神世界、自然界与社会实现一致、统一的状态,它是中国人所要追求的完满状态,也体现出中国人基本的思维方式,即强调事物之间"合""和"的关系样态。"天人合一这个命题正是东方综合思维模式的最高、最完整的表现。"[①]譬如,在人与自然之间关系上,强调两者之间的共生、共荣,反对对自然环境与生态资源的不当利用和破坏。儒家主张的"天地生万物"、庄子提

---

① 季羡林:《天人合一新解》,季羡林研究所编:《季羡林说国学》,中国书店,2007年,第35页。

出的"天地与我并生,而万物与我为一",惠施提出的"泛爱万物,天地一体",都表现出追求人与自然之间的"合一"状态。现代国家治理一直追求着人与自然关系的良性互动,从建设"资源节约型和环境友好型"社会的提出,到中共十八大报告将"生态文明建设"纳入中国特色社会主义发展道路"五位一体"的战略布局,以及习近平总书记提出的"五大发展理念",无不宣示了这一点。中国传统"天人合一"的思维方式,在治国理政形成与发展中有着鲜明的反映,帮助其在实践中处理一系列诸如传统与现代、效率与公平、本土与世界、发展与代价、经济增长与环境保护、国内发展与世界局势等深刻而又复杂的社会问题。

"以民为本"的价值理念。民本思想一直是中国传统文化的基本特点。从本质上说,中国传统文化尤其是政治文化说到底就是民本文化。"中国古代思想,其形质则神权也;其精神则民权也。古之天意政治即是民意政治,民之地位实已提升至神天的地位,而君王只不过是一个执行民意的权力机关而已。"[①]"治国理政"继承并发展了中国传统文化中的民本思想,体现出对于人民群众的尊重。中国特色社会主义民主政治,强调人民当家作主的主体地位,保护人民群众的基本权利,尊重人民群众的知情权、参与权、表达权、监督权。中国共产党大力推进以关怀民生为重点的社会建设,实现人民群众居有其屋、幼有所教、病有

---

① 金耀基:《中国民本思想史》,法律出版社,2008年,第35页。

所医、老有所养的生活状态。在文化建设领域,充分尊重人民群众的主体性与创造性,建设民族的、科学的、大众的中国特色社会主义文化。实践表明,我们党在开辟中国特色社会主义道路的历程中,之所以始终能够得到广大人民群众的拥护和爱戴,是因为我们始终尊重人民群众的主体性,尊重民意、关心民生、塑造民心,坚持立党为公、执政为民,不断实现好、维护好、发展好最广大人民的根本利益。

追求"小康"的社会理想。治国理政所追求的社会理想既不是抽象、玄幻的"上帝之城",也不是西方化的社会理想图景,中国梦有着传统文化元素,始终在实践着中国传统文化所钩织的"小康"社会蓝图。对于"大同""天下为公""小康"社会理想的追求,始终是千百年来中国人一直期盼的社会形态。如,《论语》中提出了"老者安之,朋友信之,少者怀之""均无贫、和无寡、安无倾"以及人人"甘其食,美其服,安其居,乐其俗"的"小康社会"理想社会。近代的太平天国运动,打出的旗号就是"有田同耕,有饭同食,有钱同使,无处不均匀,无处不饱暖"的社会理想。人们对"小康"的社会情结贯穿于整个中国社会发展历程,在不同历史时期可能会以不同的名称加以表达,但根本价值取向是一致的。历史上,无论是资产阶级、地主阶级还是农民阶级都曾尝试实践过这一社会理想,但都未能真正承担起实践这一宏伟社会愿景的历史重任。中国共产党人在马克思主义理论指引下,将马克思主义的普遍主义与中国社会实践以及中国传统文化结合形成的中国特色社会主义道路,才真正地为"小康"社会理想找到科学的路径。从"建立社会主义和谐社会"到"全面建成小康社会",反映出中国共产党人在实践过程中体现的高度的实践自觉,也昭示着中国共产党的"治国理政"将是实现中国人"小康"社会理想的康庄大道。

"和为贵"的交往方式。中国传统文化是"和合"文化,它从本质上反映出中国人"天人合一"的思维方式。"和合"是中华文化最核心的内在精神标志和文化精髓。这种"和合"思维方式渗透于处理人与自然之间关系以及人与人之间关系当中。"和为贵"成为处理和协调社会关系的基本标准之一。比如,孔子提出的"礼之用,和为贵"①,孟子的"天时不如地利,地利不如人和"②,以及墨子提出的"兼爱"等,都表达出中国传统文化对于"和"的追求。实现"和谐社会"本质上就是理顺社会成员之间的利益、情感关系,"民主法治、公平正义、诚信友爱、充满活力、安定有序、人与自然和谐相处"的宗旨,就在于实现人与自然以及人与人之间社会关系的和谐。以"和为贵"的方式,对待人与自然就是要尊重自然,反对对自然界的不当利用与破坏,实现人与自然的和谐相处。在人与人之间的社会关系方面,"以和为贵"就是要尊重他人的主体性,关爱他人,实现人际关系的良性互动。与此同时,"和谐世界"理念的提出,将"和为贵"的思维方式

---

① 《论语·学而》。
② 《孟子·公孙丑下》。

引入处理国与国之间关系,它提倡不同国家之间应当协作、互助、友爱,共同维护世界的安定、秩序与和谐。中国传统文化的好客、宽容、团结、和谐本性,在处理国内以及国际社会问题时得到鲜明的展现。

从前面的分析可以看出,治国理政具有坚实的价值基础,它遵循马克思主义人民观,积极吸纳现代性价值,同时也赓续中华优秀传统文化。就现实的表现而言,治国理政以社会主义核心价值观为价值追求的基本表达式,也就是说,社会主义核心价值观是治国理政价值基础的表现形式,治国理政必须从价值层面观照社会主义核心价值观。核心价值是社会的凝聚力、向心力,是建立在共同的价值观与信念基础之上的。一个社会的核心价值是这个社会的主导的、压倒性的主流价值。核心价值观存在的理由,就是因为它是共同体一致行动的纽带。习近平总书记多次强调:"推进国家治理体系和治理能力现代化,要大力培育和弘扬社会主义核心价值体系和核心价值观,加快构建充分反映中国特色、民族特性、时代特征的价值体系。"[1]"要把全社会意志和力量凝聚起来,必须有一套与经济基础和政治制度相适应、并能形成广泛社会共识的核心价值观。否则,一个民族就没有赖以维系的精神纽带,一个国家就没有共同的思想道德基础。"[2]"核心价值观,承载着一个民族、一个国家的精神追求,体

---

[1] 《习近平谈治国理政》第一卷,外文出版社,2018年,第106页。
[2] 习近平:《论党的宣传思想工作》,中央文献出版社,2020年,第52页。

现着一个社会评判是非曲直的价值标准。"①当代中国的治国理政与社会主义核心价值观建设,处于共生、互塑的关系。国家治理现代化以社会主义核心价值观为基本价值目标,是社会主义核心价值观具体展开的实践过程,以社会主义核心价值观建设作为载体,培育与践行社会主义核心价值观则构成国家治理现代化的重要使命。如何深入揭示治国理政与社会主义核心价值观的内在关系,并发挥两者的同向、同进效应,将是今后从价值哲学推进治国理政的重要任务。

---

① 《习近平谈治国理政》第一卷,外文出版社,2018年,第168页。

第四章

法治与德治结合的国家视角：权力运行逻辑

第四章　法治与德治结合的国家视角：权力运行逻辑

在对法治与德治结合的时代语境以及价值论逻辑进行分析的基础上，本章将进入实践层面的讨论，主要是讨论在法治的主导性的前提下，如何能够将道德治理的特殊智慧融入法律的制定和执行中。德治不仅代表一种不同于法律的规范治理，德治是社会的一种自我规范形成能力（对应法律的他律性），一种从内在动机角度形成的规范权威（对应法律从行动惩戒角度形成的权威），这是法治需要借鉴的。法治德治的结合，不仅是将两种规范结合起来，或者仅仅是制度层面的转化（本章第二节），而且涉及治理的实践智慧的讨论。正如导论中所指出的，从国家治理方式的视角思考依法治国与以德治国两种不同治理形式之间的良性互动，立足点一方面是探索在国家权力运行框架下如何具体体现依法治国与以德治国相结合，另一方面是从社会层面讨论，以教育教化公民意识为基本路径，培育好公民，实现依法治国与以德治国的合治。农业占据主导的生产方式，使得中国传统社会的秩序构建在"熟人社会"基础之上，"孝亲"的宗法伦理与"忠君"的国家伦理自然融为一体，家国同构，家国情怀的道德一体化的秩序逻辑，最终成就了中国传统"德主刑辅"的德治模式。农业文明基础上形成的"人法地、地法天、天法道、道法自然"的天人合一的宇宙观和秩序观,使得内在的"和谐"成为传统秩序观认可的最高价值,因此,经由刻意设计的"外来"制度、以对抗性的诉讼方式对内部矛盾进行处理和形式理性等这些与法治紧密相关的要素,对于中国传统社会而言,天然就具有某种社会文化的异质性,进而带来"法"之于"德"的工具性和从属性的命运。正如梁治平曾经指出,因为对于"自然"理解的差异,从而导致中国从未出现过如西方实证法学派和自然法学派那种具有反思性的论战[①],道德作为法律发展的主导性力量一直是中国秩序文化中一个心照不宣的前提。

传统"德主刑辅"的秩序塑造模式受到了很多的批判,马克斯·韦伯就认为,中国传统统治秩序中的法律完全不具备现代法治的相关形式特征,理性精神高度缺乏,法律并没有独立于道德成为一种社会规范,无法在社会秩序塑造构成中发挥独立的影响力。对于韦伯而言,法律的运作应该呈现的是一种"形式理性",除受自身独立且自洽的逻辑影响,不应该受到其他因素的影响。法律应该是个高度专业化的体系,依靠自洽的法律概念和程序运行,其发展和传承所依靠的应该是具有逻辑专长的法学专家,而非行政官员,唯有此,这样的体系才更能够有效抵御

[①] 梁治平:《寻求自然秩序中的和谐——中国传统法律文化研究》,上海人民出版社,1991年。

外来权力的干预①。但是,中国传统的法律制度与道德规则之间并不存在明显的界限,很多时候的立法和司法裁决就是道德规范的简单转化和运用,这就使得法律的确定性和可预测性这些形式理性的特征和优势,在这个过程中消失殆尽,显示出某种实质非理性。但是,传统"德主刑辅"的治理模式,自汉代以来有效地供给和维系了中国数千年古代社会的社会秩序,除却与当时社会环境的契合,其中应该不乏足以启示当下的治理智慧和规律。因此,不能简单地否定中国传统统治秩序,而是应该从中审慎甄别出对于今天依旧有意义和价值的经验所在。

尤其重要的是,文化的力量是极其强大的,即使在经历了外来文化的强烈冲击以及自身主动的"现代化"转型之后,这种文化认知的影响依旧清晰可见。不仅在传统中国,德主刑辅是主导性的治理方式,在当下中国法治秩序构建过程中,道德因素依旧是影响法治发展、影响中国社会秩序的核心力量之一。

---

① 韦伯认为,中国的儒教专注于内在道德修养和个人的人格完善,忽略了外在科学技术的发展,使得资本主义无法在中国产生;家产官僚制国家的支配类型类似于西方中古时期的传统型支配类型,与近代西方的官僚制支配类型相去甚远,宗教伦理和政治等原因使得传统中国无法发展出近代资本主义所需要的形式理性的法律,司法审判不依据成文规则,自由裁量高于一般法,民事的私法相当缺乏,没有个人自由权利与私有财产权的规定,家产制的法律与司法停留在类似伊斯兰世界的"卡迪司法"阶段。参见[德]韦伯:《中国的宗教:宗教与世界》,康乐、简惠美译,广西师范大学出版社,2004年,第157页。

"于欢案"引发广泛的社会讨论,要求将人伦因素纳入判决考量①,"泸州继承案"以"违反公序良俗"为由否定遗嘱继承的法律效力,《老年人权益保障法》将"常回家看看"的道德义务确认为法律义务②,《民法典》将豁免善意救助者责任的"好人条款"纳入其中③,地方治理中城市信用平台的广泛建立等道德法律化的现实运作,都是法治建设中道德化倾向的彰显。尤其是司法程序中调解的普遍运用,尤其彰显了治理过程中对于"德治"的倚重。正如学者黄宗智所指出的,调解依赖的是关乎应然的道德准则,而不仅是合法与否的法律原则。它关心的是德行,不是法律条文。它的目的是通过互让来解决纠纷,建构更良好的道德社会,

---

① 于欢案件的二审判决指出:案发当日被害人杜某曾当着于欢之面公然以裸露下体的方式侮辱其母亲苏某,虽然距于欢实施防卫行为已间隔约二十分钟,但于欢捅刺杜某等人时难免不带有报复杜某辱母的情绪,在刑罚裁量上应当作为对于欢有利的情节重点考虑。杜某的辱母行为严重违法、亵渎人伦,应当受到惩罚和谴责,但于欢在实施防卫行为时致一人死亡、二人重伤、一人轻伤,且其中一重伤者系于欢持刀从背部捅刺,防卫明显过当。于欢及其母亲苏某的人身自由和人格尊严应当受到法律保护,但于欢的防卫行为超出法律所容许的限度,依法也应当承担刑事责任。认定于欢行为属于防卫过当,构成故意伤害罪,既是严格司法的要求,也符合人民群众的公平正义观念。
② 《中华人民共和国老年人权益保障法》第十八条规定:"家庭成员应当关心老年人的精神需求,不得忽视、冷落老年人。与老年人分开居住的家庭成员,应当经常看望或者问候老年人。用人单位应当按照国家有关规定保障赡养人探亲休假的权利。"
③ 《中华人民共和国民法典》第一百八十四条规定:"因自愿实施紧急救助行为造成受助人损害的,救助人不承担民事责任。"

而不简单是禁止和惩罚非法行为①。

事实上,道德与法律的相互影响,尤其是道德对于法律的影响和塑造,道德通过立法和司法的途径进入法律,是一个超越时代和文化语境普遍存在的现象,"成文法规可能仅仅是一个法律的外壳,表述成文法规的术语要求它在道德原则的帮助下填充其内容"②。过往的一般性治理经验也表明,在治理过程中不可能将法律与道德完全割裂开来,或者说不可能仅仅依靠法律或者道德单方面实现社会秩序的有效塑造,必须将二者恰当地结合起来,才有可能实现治理效果的最佳。"道之以政,齐之以刑,民免而无耻。"③法律秩序和道德图景并存的社会才是一个好的社会。因此,如何在治理过程中处理好道德与法律的关系,使得国家建设和社会发展同时受惠于法治与德治的智慧,是推进国家治理现代化的核心命题。

当下中国关于法治与德治相结合的实践主要是从两个方面展开的,一方面强调道德作为正当性基础对于法律权威形成的有效支撑,法律不能单纯依靠"多数人同意"这个民主的正当性获得效力,更多的是凭借对于社会道德权威的体现取得约束力。立法的功能也因此体现为一种重述——实在法是对既有道德规

---

① [美]黄宗智:《道德与法律:中国的过去和现在》,《开放时代》2015年第1期。
② 强世功:《法律的现代性剧场:哈特与富勒论战》,法律出版社,2006年,第74页。
③ 《论语·为政》。

范的宣誓。另一方面也看到了法律与道德的另外一种互动模式——法律与道德之间并不意味着必然的道德先行,虽然道德规则具有自生自发性,但后天建构的法律的制定或废止却可能是某些道德标准或道德传统改变或衰败的原因之一。好的法律制度能够对一种既有道德规范进行确认和培育,因此,应将道德内容融入立法、执法和司法过程,借助于法律适用的普遍性、强制性促进道德意识和道德行动的生成。

除了以上两个方面,结合当下中国实践中存在的诸多现实问题,要处理好法治和德治的关系,还需要对以下问题进行进一步的思考和澄清。首先,强调治理过程中依法治国和以德治国相结合,但法治是现代社会基本的治理方式。当法治与德治无法实现统一时,法治构成了当下中国的基本秩序基础。这种对于基本秩序的理解将如何影响我国的制度构建和现实治理?其次,除却制度层面法和德的相互转化、支撑,法治与德治背后本质的治理逻辑差异何在?二者对于当下的治理而言有什么样的独特的启示?基于当下的中国现实,道德与法律之间存在冲突的领域迫切需要回答的问题是什么?从知识和制度实践层面,需要如何对这种冲突作出回应?本章期望围绕以上问题,对于国家权力运行过程中如何处理法律与道德的关系提供介于规范和实践层面的思考,以此回应中国治理现代化可能的路径所在。

第一节　德法互济中的秩序基础：法治为本

传统"德主刑辅"的治理模式有其存立的社会土壤，与之相比，今天的中国社会发生了根本性的转型。因此，在注重发掘传统经验的现代启示，强调治理过程中依法治国和以德治国相结合的同时，需要认识到法治构成了当下中国治国理政的基本方式。当试图运用道德治理的方式来回应秩序塑造的现实需求时，需要尊重法治作为秩序基础的权威所在。

一、道德治理的当代挑战

近代以降，伴随着中国传统社会结构在历史发展中出现的重大断裂和变异，道德治理在当下遭遇诸多挑战。如上文所指出的，传统的秩序是建立在社会的同质性和社会变迁的缓慢性上，对于道德规范的遵循，不仅是一种情感上的认同，其背后也符合生存的理性选择需求——遵守前人的经验足以应对当下的生活世界所面临的诸多问题，因此，人们普遍秉持好古的生活方式，将前人和周围的人的生活经验作为生活指南予以遵循，道德因此获得了人们自发服从的效力。但是，在流动性很强、变迁频繁的现代社会中，"好古"不必然构成理性的生活方式选择，世界在不断地变化,过去或者是周围人的经验很有可能是无法应对每天多变的生活现实的,同时简单服从他人的生活方式和观念,也是对个体自主性和个性的一种否定。此外,道德作为社会意志的呈现,多数情况下会将个体人格放置甚至隐匿在以家庭为代表的社会组织之中,而今天的主导性社会关系是建立在对原子化的个体的承认基础上,当下社会中对于公平、正义的诉求和理解,更多的也是以平等和个体自由作为基础的。这就意味着,现代社会的治理秩序中,道德治理很难再占据主导性的位置。

与此同时,商业社会中个体的频繁流动性,导致熟人社会解体,从而使道德实施失去了"社会舆论"这一唯一也是重要的外部保障力量。缺乏坚实有效的舆论约束,仅仅依靠道德倡导是无法确保底线社会秩序,从而防止社会肌体失序溃烂的。道德治理如果没有社会共识作为基础,没有社会舆论能够发挥作用的熟人社会作为保障,道德规范背后的行动主张的模糊性以及实施上的孱弱性,会导致如果以道德、规范作为主要的治理依据,要么就走向道德绑架的极端,要么就走向所有人都"搭便车"的无序。无论是"搭便车"所导致的无序还是道德绑架所引发的社会分歧和对抗,最终都是无助于社会秩序保障的,更奢谈理想的社会图景的实现。

二、社会转型与法治秩序

伴随着中国从农耕文明占据主导的社会向商业文明、工业文明占据主导的社会过渡,道德所依赖的社会共识和舆论压力所寄生的熟人社会逐渐解体。尽管道德治理在当下社会中依旧具有不可替代的重要性,但是,单纯依靠德治本身已经无法有效维系我们的社会秩序。工业社会、商业社会所依赖的规则是以陌生人社会为根基的,建立在对原子化个体人格承认基础上的,强调平等与契约精神的法律规范。对于我们所期待的好生活而言,无论时代如何变迁,不变的生活逻辑在于,个体行动的理想状态是行动有预期,可以基于当下的生活所产生的合理预期对未来的生活进行计划和期待。当道德在当下社会环境下无法为个体提供这样的预期时,恰恰是法律作为一种"形式理性"提供了稳定的预期。法律规范的确定性,法律适用的形式逻辑特质,使得法律在调整社会生活时能够做到"相同情况相同处理",从而为我们未来的行动提供了准确的预期。鉴于以上的原因,结合当下中国社会的现实,法治应该成为当下国家治理的基本的和主导性的治理模式。法治是当下基础性和主导性的治理模式,这一结论的产生,消极层面的理由是上文所分析的道德秩序构建所需具备的社会环境发生了根本的变化,积极层面的原因是法治能够有效回应当下中国社会转型的诸多秩序需求和权益保护诉求。

目前的中国人文社会科学研究中,一个最常见的关键词就是"转型",基本上大家都认可这是对中国现状的一种判断。"转型"描述了一个社会伴随客观时代变化而进行主动与被动调适和适应的过程,包括社会结构转换、机制转轨、利益调整和观念转变。依据英国社会学家吉登斯的观点,社会转型必须考虑文化因素、经济因素、政治因素,也就说社会转型应该包括三个维度的转型:经济转型、文化转型和政治转型。中国的近现代史是一部以"富强"为核心目标的国家独立史和建设史,国家层面积极地推动经济发展,致力于将蛋糕做大。但是,正如吉登斯所强调的,转型是三个维度的调整,任何一个维度被忽视都有可能导致转型阵痛被加剧。蛋糕做大之后,面对价值多元、利益分歧的社会,更为迫切的问题是"如何分蛋糕",这就需要政府执政方式、治理方式和社会建设也应随之作出相应的调适,即政治转型和文化转型。法治成为这个转型过程的关键所在。

(一) 法治与转型期的个体诉求

人类作为物质性与精神性的统一,不仅仅需要物质需求的满足,更需要精神上的自我实现,尤其是伴随着市场化的发展,原子化的个体从各种物质的和社会关系的束缚中逐渐被解放出来,建立在平等与发展基础上的个人自由的实现,成为当下个体的主要诉求。"每个人的全面而自由的发展"已经渗入社会大众的潜意识之中,人们对自我发展权利的主张和对全面自由的诉求,正伴随着我国经济社会的快速发展而逐步增长。法律作为个体自由的保护神,在现代社会获得了毋庸置疑的正当性。正如马克思所言:"法律是肯定的、明确的、普遍的规范,在这些规范中自由获得了一种与个人无关的、理论的、不取决于个别人的任性的存在。法典就是人民自由的圣经。"①

尽管自由的内涵呈现出多面性,但是自由之根本要义在于,个体可以排除在自我选择过程中其他平等主体或者国家权力对自己的不当干涉,按照自己的自由意志选择过自己想过的生活。由于干涉来自力量的不对等,要保障和捍卫自由,最根本的就是确保主体的平等地位,没有任何人有超越他人的特权,没有任何人有优先于他人的意志和力量存在。因此,尽管法谚有言"正义有着一张普罗透斯似的脸,变幻无常",但以自由实现为正义的核心要义的现代社会,正义之实现与平等的落实是一体两面。法律正是借助对平等的保护,最大限度地实现了自由保障的承诺。法律之治所构建的权利义务体系的优势在于,既不强迫个体做一个圣人,也防止其不计成本地搭便车。权利义务得以创设的前提,是对一个建立在自由平等人格基础上的理性人形象的设定,以这个一般性的理性人的形象设定权利义务,使得法律的设定和适用对所有人一视同仁,无论是贩夫走卒还是达官显贵,相同的情况获得相同的对待,无论你是谁,都应该按照法律所设定的行为模式来行动的,这就最大限度地确保了主体间法律地位的平等,同时使得社会成员的行为模式本身也是相对确定的。在法律调整之下,社会关系也因此具有了稳定性和可预期性,社会中因为特权所导致的意外将被降低到最小的程度。

---

① 《马克思恩格斯全集》第 1 卷,人民出版社,1995 年,第 176 页。

只有人们对彼此的行动能够有所预期,并且有稳定的预期,个体才可能按照自由意志安排自身的生活,自由才有了实现的可能。

法律作为自由的守护神,不仅通过对平等的保障促进自由的实现,同时依靠诉权建构的法律程序形成对自由最有效的保障。法律权利包括了自由权、请求权和诉权三个维度,伦理意义上的自由转化为法律上的权利之后,在自由选择权和请求他人予以配合的请求权之外,就具有了诉权保障,当自由选择过程中需要他人配合受到阻却时,就可以通过行使法律上的诉权,要求通过法律救济来确保自由权和请求权获得最终有效的落实。从这个角度,救济权是权利得以实现的关键所在,也彰显了权利的本质属性,自由必须转化为权利,否则就无法获得诉权的最终保障。罗马法上有"无救济则无权利"的法谚,鉴于诉权对于自由实现的重要性,可以将这一法谚做进一步的延伸,即无权利则无自由。

(二)法治与多元社会的共识形成

个体权利意识的觉醒,使得"法律作为自由的守护神"的价值得以凸显,但是,除了成就个体自由,法律还具有其独特的社会价值。当下,我国的社会阶层发生了新的变化,社会利益格局面临动态调整,社会各类利益群体面临分化和重新整合,有社会学的学者将当下的中国社会描述为,这是一个旧屋已拆,新屋未建,利益诉求多元分化,不同价值观念冲突碰撞的碎片化社会。转型时期大家利益不同,观念不同,价值不同,如何在多元的社会中建构一套有效的机制来满足不同的人群对于公平正义的价值追求,凝聚共识,成为最主要的治理议题。

　　社会矛盾和分歧得以有效解决的前提,是在尽量呈现客观事实的基础上促成价值共识,但对于客观真实的认识总是不可避免地会遇到各种困难,这就使得有时想要澄清客观真实是极其艰难的选择。同时,社会变革时期,价值多元是一个客观的事实,人们对于何为可以接受的实体分配正义本身是可能存在诸多分歧的,从而很难确立一个为争议的每一方所普遍接受的价值目标。客观事实呈现的艰难性以及价值的多元性是不是意味着"正义"的虚无主义?事实上,对于有理性的现代人而言,确信是由证明过程决定的,承认是由说服效力决定的。当价值一元的状态不复存在时,通过建立一种公开、公正和科学的法律程序,使当事人的主张或异议可以在这个闭合的空间中得到充分和平等的表达,相互竞争的各种层次上的价值或利益得到综合考虑和权衡,当裁判者的公平和理性能够亲眼被看到、被感受到的时候,被裁判者将会对整个判断过程赋予最大限度的信任和满意。当正义不仅仅被实现,还以看得见的方式实现的时候,伴随着程序不断向前推进,当事人会越来越多地受到程序的约束,即使他对于自己的权益受到限制或者剥夺感到失望,但他对这种通过公正程序作出的裁判结论的正当性是彻底信服的,这就使得一种不必然与客观真实和当事人的主观价值预期相符,但是,由法律来探求真实的法律真实,作为最完善的解释和判断被最终采纳,一个不必然满足争议各方预期,但却被各方都愿意接受的共识就得以产生了。

转型带来的价值多元和利益分歧,使得希望借助于实体正义来凝聚社会共识的难度日益增大,这个时候把实体问题转化为程序问题,成了解决矛盾、凝聚共识较为明智的选择。法律作为一种形式理性,区别于其他规范的显著特质之一,就在于把程序作为自由法观念发展的起点,对矛盾的解决主要就是依靠程序展开,这个过程不是以某种价值观压倒别的价值观、强求在公共事务以及私人空间都实现实体观念上的一致性,而是"通过中立性的程序来重建社会共识"。程序法通过构建在平等权利保障基础上的对话体系,确保了存在分歧的各方有效对话的可能性,看得见的正义所体现的合理性与公正性,能够有效满足个体理性对正义的拷问和追求,最大限度地确保了社会共识的存立。正是在这个意义上,法治成为转型时期当仁不让的基础秩序选择。

共识形成有助于树立政治权力的合法性,确保公民对政治国家的认同,从而确保政治共同体获得有效的维系。对于政治权力的合法性塑造而言,核心就是确保政府权力的依法行使,建设有限政府和责任政府。现代法治的核心在于强调对权力的限制,相较之其他的治理手段,法治是众多可供选择的改革方案中,对于塑造政治权力的合法性、树立公民信心而言,代价最小、收益最好的治理方式。在法治的框架内解决权力制约的问题,就是用体系化的法律规范指引和约束政府权力的行使,同时将公民权利和公共权力的冲突引导到法律路径中解决。这种日常化和规范化的治理方式既表达了执政党将权力关进制度的笼子的决心,有助于强化民众对于执政党的信任基础,又为社会树立了规则之治的良好榜样,能够为社会成员树立和平、规范解决矛盾的模板,从而不会因为内部矛盾的发生导致根本性变革的发生。

基于以上的理由,法治,对于转型期的中国尤为重要,是处理各项社会矛盾所重点依赖的治理杠杆。法治对于现代公共领域的最大价值在于,即使人们的思想有多元,观念有差异,利益有分歧,但由于法律的公开性、稳定性、科学性、公平性、公正性,事实上构建了一套建立在"权利"基础上的共同话语体系,使得不同的社会主体有了对话的可能性,从而使得多元的利益能够在法律规则的调整下实现有序共存。当然,在强调法治作为秩序底色的同时,并没有否定德治对于社会秩序塑造的重要性,对于国家治理现代化所需的公共理性而言,国家理性和民间智慧都同样重要。

正如道德调整无法涵盖社会生活的方方面面,法律调整本身有其调整的疆域界限,也会面临在立法过程中未曾预料到的情况,这个时候道德规范本身可以为良好社会秩序的塑造提供必要的支持。但是,无论是借助于道德治理还是其他的规范方式来弥补法律的真空和不足,都必须确保法律的权威不受不当的损害,一切的行动选择都应该确保与法律精神和法律技术保持一致,守护法律帝国的权威所在。道德直觉能够为我们解决诸多争议提供一种方向指引,但这并不意味着法律自身的逻辑体系无法为在法律实践中容纳这种道德判断提供可能性。因此,在面对法律调整的短板时,并不必然直接诉求于感性、直观的道德评判或道德说教①。德沃金在《法律帝国》中所列举的厄尔法官判决埃尔默因杀害被继承人而丧失继承权一案,面对没有法律明文规定的"为获得继承财产杀害被继承人"的待决情形,法官并没有凭借其道德情感或者引入道德规则进行裁决,而是借助于一条古老的法谚"任何人不得从其错误行为中获得利益"做出了司法裁决。德沃金认为,这不是"伸张正义"的道德裁判,这仅仅是在阐释"法律是什么"。在德沃金看来,法官在这里显然照顾到了法律作为形式理性的价值所在,也看到了直接适用道德规范的危害,在此案中,这一判决结论当然隐含着法官本人的道德见解,但用法律特有的语言将这一观点表述出来,既有效回应了社会对正义的诉求,也确保了法律在一个社会中的权威,将对权利的保护牢固地建立在法律规范基础上,而非不确定的道德判断基础上,这是现代社会治理的基本智慧所在。

---

① 温晓莉:《实践哲学视野中的"法治"与"德治"》,《法学》2003 年第 3 期。

第二节　超越规范：治理实践中的德法互济

通过对中国社会转型时期所面对的基本矛盾和亟待解决的现实问题的分析,对国家治理现代化中所强调的"依法治国和以德治国相结合"的实践逻辑进行了解读,基本的结论在于,法治是当下基础性和主导性的治理模式,在此基础上应进一步寻求德法互济——道德治理与法律治理之良性互动的可能。

一、超越制度的德法互济

在前文关于德治相关概念的探讨中,我们超越了一般意义上对于德治的形式理解,看到了德治背后的治理理性所在——对社会的民间智慧的尊重,对国家建构秩序之外的社会自生自发秩序的尊重。因此,强调"以德治国"不仅仅是停留在对道德规范塑造社会秩序的可能性的追求和探索,对于传统社会已经解构的中国现实而言,如何能够让道德共识、民间习惯法得以"再生产",是事实上更为重要的问题。所以,问题不仅在于国家法承认民间法,使道德规范转化为法律规范,而且要能够让社会恢复健康、有效的自我治理能力,恢复社会自治规范的生产能力。受到这一研究视野的启发,需要将德法互济的讨论拓展到一个新的层面上。透过两种规范的直接相互支撑和证成,探讨法治和德治作为两种治理秩序是否存在其他可以相互启发、相互借鉴、相互支持的可能，这是对"依法治国和以德治国相结合"的德法互济理论和实践的内涵的进一步探索和扩展。

法律的理想在于一个大写的真理，其着眼于社会秩序的整体，这并不意味着法律没有更高的理想，但是对于社会秩序的塑造是其要满足的首要目标。为了确保底线秩序的实现，法律更多地要求人们从外部行为上服从现行的规则，不服从的后果都是一样的，不会因为具体主观意图的相异而有任何的评价差异。当然这并不是说法律完全不关心主观，只是法律所做的主观评价，主要关注从事特定法律行为时，行为主体对行为所可能导致的后果所秉持的主观状态，即对后果的发生是否存在追求或放任的故意，或者存在疏忽大意和轻信能够避免的过失。而道德则不同，道德关注的是个体内心和良知的塑造，是从事特定行为的动机，关心行动主体为什么要这么做，而不是对后果所秉持的主观心态。道德诉诸人的良知，要求人们根据高尚的意图即伦理责任感而行事，要求人们为了善而追求善。

由此可见，两种规范塑造社会秩序的着力点是不同的。道德治理对于法律治理一个重要的提示在于：行动之外，秩序之外，法律是否还有更高的关怀，更多的关切？每一个立法、行政和司法的法律行动中，是否存在着超越整体秩序本身的关怀，在法律关系之外，有没有对我们到底希望塑造一个什么样的社会的蓝图设计？尽管法律并不承担所有的公共理想蓝图实现的责任,但是,这并不意味着法律仅仅承担底线秩序塑造的责任。作为一种社会规范,需要在秩序图景之外还必须要有更大的关怀,要在整体的社会秩序之外看到规范下的个体,关心规范之下的个体心灵成长。如果只将法律之治的使命理解为通过强制力确保的外部行为服从,以此构建有效的社会秩序,那么长期的法律治理的社会影响,必然是人们更多关心如何适应或者逃避他律约束,而将自律的领域弃之不顾,其结果就是,只有强制的守法,而没有自觉的善行。

道德治理对于个体的内心力量有着超越法律的关怀,这种关怀体现在,对个体良知的塑造是道德治理积极追求的目标。道德治理效力的来源,不是寄托于外在的强制,而是寄托于内在的自觉。德治的本质在于,确保个体从内心认同某种规范,是一种从内心、情感上的,无功利性考虑的认同。毫无疑问,法律作为伴随启蒙出现的治理规范,诉诸理性获取其效力是其本质的特征。但是,道德治理的治理逻辑让我们看到,真正有效的治理是应该最大限度地降低外在强制的,法律之治的最高境界应该在于,法律无须过度的外在强制就能获得社会的普遍认同和遵守。"理性"作为其权威性的来源再怎么强调也不为过,但是,除此之外,法律之治有没有可能挖掘出依靠理性计算之外的认同法律权威的动机。事实上,超越工具论对于法律的理解,无论是韦伯有关"权威"来源的论述,还是伯尔曼对于"法律信仰"的论述,都将这种道德治理对于法律治理可能的启发进行了系统的讨论。

　　法治的核心在于确立法律统治的最高性和合法性,即树立法律的权威。韦伯对合法性统治的类型作了总结,从而对"权威"的来源进行了系统的阐释。在韦伯看来,合法性有三种纯粹类型:(1)合理性的性质:建立在相信统治者的章程所规定的制度和指令权利的合法性之上,他们是合法授命进行统治的(合法型的统治);(2)传统的性质:建立在一般的相信历来适用的传统的神圣性和由传统授命实施权威的统治者的合法性之上(传统型的统治);(3)魅力的性质:建立在非凡的献身于一个人以及由他所默示和创立的制度的神圣性,或者英雄气概,或者楷模样板之上(魅力型的统治)①。韦伯所讨论的合法性的三种理想类型,在历史上没有任何一个真正以纯粹的形式出现过,因为合法性来源之间并不是相互排斥的,现实的治理中它们是交错出现、相辅相成的。

　　从马克斯·韦伯对于权威的论述中,我们看到权威的构建需要借力于理性因素(目的合乎理性和价值合乎理性),同时也需要借力于理性之外的其他因素(传统、魅力等)。事实上,树立法律权威的众多措施中,无论是强调民主立法从而确保法律是对人民利益、社会公正需求的回应,还是强调"努力让人民群众在每一个司法案件中都能感受到公平正义"的司法公正,事实上

---

① [德]马克斯·韦伯:《经济与社会》(上),林荣远译,商务印书馆,1997年,第241页。

都是在回应如韦伯所言的"从服从中获取（内在的和外在的）利益"的理性考量。而理性因素之外的其他力量则常常为我们所忽略，比如韦伯的三种合法性来源中的传统、魅力背后所代表的对权威形成，对人们观念产生影响，同时对其行动构成驱动力的力量所在。

十八届四中全会通过的《中共中央关于全面推进依法治国若干重大问题的决定》指出，对于法律发自内心的信仰是法治观念的核心所在。将法律与信仰联系在一起，事实上就是需要在理性之外更深入地探索法律统治的权威渊源。伯尔曼的经典论述"法律必须被信仰，否则它将形同虚设"①提出的背景在于，在他看来，西方的法律正不断丧失其神圣性，日益变为纯功利的东西。正义与神圣之间的纽带开始断裂，他们正变成两种互不相干的东西。为此，伯尔曼质疑，仅凭理性的推导与功利的计算，怎能够唤起人们满怀激情的献身？不具有神圣意味的法律又如何赢得民众的衷心拥戴？"法律是远离激情的理性"，是启蒙之后伴随着法律世俗化的发展及其法律合理性化的认知所被普遍接受的观念，这就导致法律和经济制度一样，被人看成是庞大、复杂、纯粹依据理性运作的机器，尤其是工具主义法律观的盛行使人们相信：法律由人制定，既没有神圣的渊源，也没有永恒的

---

① ［美］哈罗德·J.伯尔曼：《法律与宗教》，梁治平译，生活·读书·新知三联书店，1991年，第28页。

有效性①。拥护工具论的人通常认为,人们之所以服从法律完全是出于理性利益的驱使,尽管这种利益可能是害怕招致司法当局强力制裁的消极利益,也可能是服从法律就能够从社会秩序的可预测性中获利的积极利益。为了诱使人们按照规则行事,立法者求助于自己计算民众行为后果的能力,"从事法律的人,也像从事经济的人一样,被人看成了压抑其梦想、信念和感情,不关心终极目的,一味任用理智的怪物"②。

伯尔曼在追溯西方法律制度的起源及其发展历程的基础上,反对这种理性主义和工具主义的法律观。他认为,对于法律的理解不能将其视为僵死的法条。"法律主要不是法规或者适用这些法规于案件的法律观点的汇编,不是对如何把法规应用于案件的各种方法加以分析的博学论著和文章的汇集。这些都是专家们头脑中法律的残迹"③。正如心理学研究已经证明的那样,"确保遵从规则的因素如信任,公正,可靠性和归属感,远较强制力更为重要。法律只在受到信任,并且因而并不要求强力制裁的时候,才是有效的;依法统治者无须处处都仰

---

① [美]哈罗德·J.伯尔曼:《法律与宗教》,梁治平译,生活·读书·新知三联书店,1991年,第42页。
② [美]哈罗德·J.伯尔曼:《法律与宗教》,梁治平译,生活·读书·新知三联书店,1991年,第41页。
③ [美]哈罗德·J.伯尔曼:《法律与宗教》,梁治平译,生活·读书·新知三联书店,1991年,第90—91页。

赖警察"①。法律不仅仅与人类的理性考量联系在一起,更与人类一些终极的关怀,超验的价值联系在一起,法律应该具有某种神圣性,人们对于法律的服从不仅仅是出于某种功利和理性的计算和考量,不仅出自人的理性和意志,而且还包含了他的情感,他的自觉和献身,以及他的信仰这些超越理性的情感和意义世界。法律必须被信仰,法律要获得完全的效力,不能仅仅依靠理性的考量,而且要诉诸理性之外的力量,即人们对生活终极目的的追求和对神圣事物的意识。

启蒙运动之后,伴随着对世界做"祛魅"化处理的同时,我们事实上又为自己创设了新神——基于"经济理性人"假设的理性,我们笃信理性所告诉我们的东西就是道德上正当的东西。法律之所以被遵守,是因为法律所代表的基本正义价值和原则,合乎从理性出发所发掘的人性和社会秩序的要求。但是,从这个视角去理解和促进法律的权威,理智获得了满足,但是情感等其他非理性或者是超越理性的因素则被有意地置于一边。道德治理的有效性,事实上让我们看到了,理性之外其他的人性力量在切实地影响我们的生活。人性除却智性,还存在情感及其他意义世界的追求。如果在人们看来,有一种制度与他们的信仰(这里的"信仰"不只限于宗教,代表了人类能够用全部的生命去

---

① [美]哈罗德·J.伯尔曼:《法律与宗教》,梁治平译,生活·读书·新知三联书店,1991年,第43页。

认同和维护的终极价值和客观存在)的某种超验实体相悖,他们就会抛却这种制度①。因此,伯尔曼指出,法律应该被信仰,以各种方式要求人们的服从,不但要诉诸他们物质的、客观的、有限的和合理的利益,而且还向他们对超越社会功利的真理、正义的信仰呼吁②。除非人们承认法律不仅是社会功利问题,而且也是,且主要是生活之目的和终极意义的一个组成部分;除非人们意识到法律关系到人的整个存在,即不仅关系到他的理性和意志,而且还关系到他的情感、信念,否则根本不可能解决目前所经历到的法律信仰危机③。因此,当思考法律的权威如何得以树立,从而寻求培育公民法治观念的可能路径时,无论是理性渊源,还是仪式、传统、魅力、与意义世界的共鸣等这些兼具理性但同时超越理性的渊源,都是需要予以关注的。

讨论"依法治国与以德治国相结合",作为一种治理秩序探索的背后,是对我们想要构建一个什么样的人与人之间联合的探索,从根本上是对要塑造什么样的人的探索。因此,探索德法互济的有效路径,不应该仅仅停留在制度层面的相互借鉴和支持,而是要超越具体的制度层面,探索制度背后的治理逻辑上的

---

① [美]哈罗德·J.伯尔曼:《法律与宗教》,梁治平译,生活·读书·新知三联书店,1991年,第90页。
② [美]哈罗德·J.伯尔曼:《法律与宗教》,梁治平译,生活·读书·新知三联书店,1991年,第44页。
③ [美]哈罗德·J.伯尔曼:《法律与宗教》,梁治平译,生活·读书·新知三联书店,1991年,第94页。

对话和交流。道德治理作为一种治理方式,其不同于法治的根本特征在于,其对于个体内心力量的倚重和关注,它不仅关注整体社会秩序的塑造,同时期待能够站立在个体的伦理情境中体会个体的内心境遇,并在此基础上以塑造每一个个体的良知自觉作为治理的终极目标。这一超越共同体秩序之外关注个体生活、关注个体内心的治理逻辑,对于法治而言是具有重要意义的。这使得习惯于关注外部行动、关注整体秩序的法治,在确保底线秩序的基础上,需要在治理目标中融入对于"我们到底希望塑造一个什么样的社会"的整体关怀,融入对于"每一个人应该如何生活"的关怀。道德治理将规范效力的产生寄托于超越理性计算之外的共同体成员的情感共鸣,让我们看到,法律之治真正的"胜利"在于法律信仰的建立。因此,法律之治如何在理性所关注的物质的、客观的、有限的和合理的利益之外,向个体对超越社会功利的真理、正义和爱的信仰呼唤,如何让人们在法律的运行中意识并实现人的整个存在,即不仅关系到他的理性和意志,而且还关系到他的情感、信念,这是在规范层面之外,法律治理必须追问和探索的。

二、法律与道德的冲突:作为一个公共议题

上一部分从法治与德治作为两种基本的治理秩序,从超越制度背后的治理理念和逻辑的角度探索二者可以相互借鉴、相互支持的可能。但是,实践中的法律与道德之间除了相互的支

持,事实上是存在着各种各样冲突的,这些冲突不断地补给和激发有关法律与道德关系的讨论。如本研究开篇就已经指出,无论是实证法学派还是自然法学派,都无法也没有试图去否定道德与法律的相互影响,二者真正的分歧另有所指。实证法学派与自然法学派之间真正的分歧在于,当法律与道德之间产生冲突的时候,我们应该如何行动?我们是应该继续承认其法律的效力,服从与我们的道德认知相冲突的法律,还是要直接否定这一法律制度对我们的约束力?这一分歧所产生的行动维度上的影响,就使得法律与道德的冲突演变成一个无法回避的公共议题。事实上,当我们依据道德义务或我们自己对法律的理解,对法律进行批评、更正的时候,我们关注的视角就从法律现象转移到了道德领域,从一个我们有待认识的现象,转移到一个我们有待决定的行动。这样的一种立场意味着,我们从法律的认识问题转移到了公民的行动问题。如果这种冲突和矛盾没有获得充分的讨论,现有的教育体系和制度体系就无法为公民面对这种冲突时的行动选择提供有效的指导和支持,而是由公民自主决定如何面对这种冲突,蕴含了巨大的秩序风险,会对政治合法性产生消极的影响。

关于法律与道德的冲突,首先要回答的是能够判断法律本身"不道德"的客观标准,从而防止每一个个体仅仅立足在自身的利益诉求和价值立场上挑战法律权威。其次,当面对这一"不道德"的法律时,公民应该如何充满理性和美德地行动。法治社会首先排斥任何意义上建立在暴力基础上对法律与道德冲突的处理。每个人都是一个有组织的社会的成员，都从存在于其中的秩序得益。暴力在一个能保证通过制度建制和改革解决冲突和矛盾的开放社会里，是无法被证明是正当的，在这样的社会里，还存在着其他可行的说服他人支持自己的事业和促使规范或政策改变的方法。若没有一种忠诚于法律、以法律为至尊至贵的精神，任何的正义行动就会失去方向、失去目标、失去灵魂。

根据法治和宪法的基本原理，现代社会判定法律良恶的基本标准是一国的宪法。形式意义上，作为全体人同意的产物，宪法可以对仅仅是基于"多数人"同意的法律本身的正当性进行审查。同时，实质意义上，作为立国之首要原则彰显的宪法，拥有质疑普通立法对国家根本原则和制度是否予以充分尊重和实现的权威。将判断法律"良恶"的标准设定为宪法，能够有效应对价值多元社会对评价标准提出的诸多质疑。道德的多元化发展，导致一种主导性的、为大家都普遍接受的道德规范的确定越来越艰难，如果将判断法律良恶的标准认定为普通道德，很有可能会出现每一个个体站立在自己的利益和价值判断标准之上，决定法律的效力所在的公共分歧，这将导致法律秩序陷入某种危机。更为重要的是，在一个强调人人平等的现代社会中，即使存在某种主导性的道德规范，作为受到多数人舆论支持的道德规范，如何证明自身基于多数人认同这种数量上的优势，就获得了伦理上的正当性，需要回应是否构成"多数人对少数人暴政"

的质疑。宪法从法律拟制的角度，作为全体人同意的产物，其所确定的基本权利是每一个人平等的权利，而不仅仅是对多数人或者是特定人权利的主张和承认，这就使得宪法相较之其他规范而言，具有了更高的正当性和更广泛的接受度。因此，以宪法为依据对普通法律进行合宪性审查，对其属于良法还是恶法作出判断，进而决定其法律效力，成为宪法国家为公民监督立法，处理法律与道德冲突的主要制度渠道。

遵循这一基本法理和实践路径，十三届全国人大常委会第三次会议表决通过的《全国人民代表大会常务委员会关于全国人民代表大会宪法和法律委员会职责问题的决定》，明确了新设立的宪法和法律委员会的职责。其中明确规定，宪法和法律委员会在继续承担统一审议法律草案等工作的基础上，增加推动宪法实施、开展宪法解释、推进合宪性审查、加强宪法监督、配合宪法宣传等工作职责，这就使得前述的合宪性审查责任直接地落实到了具体的机构——宪法和法律委员会的职责范围内。除却以上的规定，《行政诉讼法》第五十三条规定：公民、法人或者其他组织认为行政行为所依据的国务院部门和地方人民政府及其部门制定的规范性文件不合法，在对行政行为提起诉讼时，可以一并请求对该规范性文件进行审查。这也赋予了公民一定程度的对"恶法"附带性审查的申请权。此外，从每年全国人大常委会法制工作委员会针对当年的备案审查工作所做的专项报告中可以看到，伴随着备案审查机制的逐步完善，实践中有关法律和规范性文件中存在的问题获得了有效督促纠正和妥善处理，法律与道德的冲突在公民对法律质疑的法治途径中得到了一定程度的回应，从而确保了我们的社会始终处于良法之治中。

但是，一方面，当下合宪性审查体制依旧处于建设探索阶段，另一方面，与之配套的备案审查制度也因为区分了"要求权"和"建议权"，导致普通公民并不必然可以启动审查程序，此外，目前行政诉讼的附带审查权也仅针对"规章以下的规范性文件"展开，这些制度上有待进一步发展和完善的地方，都会在一定程度上阻却公民面对法律与道德的冲突时，在合法途径内表达诉求、采取行动的可能性。这不仅无助于公民权利的保障，也无法将有关法律与道德公共讨论向更为严肃和深刻的公共讨论推进。如何进一步地完善相关制度，确保公民对"恶法"进行质疑的权利获得充分的保障，是在实践层面上有效面对法律与道德冲突，引导公民进行理性行动的关键。事实上，公民更多的是从具体的个案中感知到公共议题的意义和价值的，个案是非常重要的展开公共议题讨论的入口，法庭则是理性和有效的公共讨论平台，对于法律共同体有着重要的教育价值和意义。从这个意义上看，未来在建设和完善合宪性审查机制的过程中，如何在尊重现有宪法体制基础上，充分发掘公民的公共热情，有效培育公民理性是必须认真考虑的议题。

第三节　法治与德治结合的
　　　　关键领域：立法

　　法治建设同时涉及立法、执法和司法多重维度，但是，立法作为一个国家法治图景得以展开的源头，对于法治建设举足轻重。正是在这个意义上，亚里士多德的"法治"概念不仅强调法律在一个社会中享有普遍的权威，同时强调获得普遍服从的法律应该是制订良好的法律。前文在概念澄清中也明确了法治除了强调规则之治、民主之治外，更为关键的是良法之治。古人云："立善法于天下，则天下治；立善法于一国，则一国治。"党的十八届四中全会提出："法律是治国之重器，良法是善治之前提。"如果立法本身存在问题，执法、司法、守法就不可避免地出现问题。十八届四中全会强调"科学立法"，重在解决法律法规的"好坏"和"质量"问题，立法在法治建设中的重要性得以彰显。作为法治建设源头的立法，如果无法处理好法律与道德的关系，导致作为法治建设前提——"良法"的缺位，必然会为遵循规则治理的整个社会的运行带来各种困境，进而影响法治权威的树立。因此，作为制度创制者的立法者对于法律与道德关系的理解，进而对于法治与德治结合路径的思考和设计，将直接影响一国法治建设和国家治理现代化建设的成败。本部分将着重从立法的视角入手,探讨实践层面上法治与德治相结合应有的实践考量。

一、法律的疆域:道德立法的限度

有关法律与道德的关系问题,伴随着近些年社会主义市场经济发展过程中道德失范现象的频繁出现,在中国社会受到越来越多的现实关注和讨论。从食品安全中所暴露出来的不诚信问题,到后来广东"小悦悦事件"的出现,呼吁道德立法的诉求就在不断地增强,从而使得法律与道德的关系问题不再仅仅停留在讨论"中华法系"特征的学术讨论层面,而是切实地成为一个实践中立法者必须面对的问题。立法机构的正当性来自其对于民主需求的回应,其必须对公共舆论、社会诉求保持一种开放和接纳的态度,但是立法机构能够回应这些诉求的最主要的工具——法律,作为塑造社会秩序的众多规则之一,其正当性源自权力对于权利本身的尊重和保护。此外,作为法律保障的国家强制力,一旦启动就会对公民权利构成根本性的影响,这本身就要求立法机构在以法律为中介对公共舆论作出回应时,自身需要保持一种克制。因此,当公众和媒体向立法者提出特定的道德立法要求时,作为法律制定者,需要能够将自身的立法者这一身份与作为道德主体的身份予以区分,防止简单地将个体乃至社会流行的道德好恶直接转化为具有普遍效力的法律,从而不恰当地扩大法律调整的范围,导致公民权益和其他公共利益受损。立法者必须谨记,法律在调整社会生活时应该是慎之又慎的,不应该是无所不在、无所不能的。

法律与道德关系的诸多学理讨论,很早就意识到了关于道德规范向法律规范转化的限度问题,富勒基于内容的差异对道德进行了分类,将其划分为愿望的道德和义务的道德,从而为转化限度提供了一定的理论指导。富勒指出,如果说愿望的道德是以人类所能达致的最高境界作为出发点的话,那么,义务的道德则是从最低点出发。义务的道德确立了使有序社会成为可能或者使有序社会得以达致其特定目标的那些基本规则,它的表达方式通常是"你不得……",有些时候也可能是"你应当……"[①]。义务的道德多是禁止性的,包括社会有序化的基本要求,它们对于有效地履行一个有组织的社会必须承担的任务来讲,被认为是必不可少的,如避免暴力伤害、忠实履行契约等,属于底线道德,具有明显的规范特征。而"愿望的道德"则是肯定性的,是有助于提高生活质量和增进人类文明的,如无私、博爱等,属于更高层次的道德要求,即纯粹的道德。对于纯粹的道德的落实,有一种自发和自愿的成分,而这种成分事实上就是这种行为道德品性的基本要素,任何用来维护法律权利的强制执行制度,是无力适用于纯粹道德要求的。在纯粹道德问题上,应该给予人们的自律程度大于强制性的法律规范所允许的自由意志的范围。如果一

---

① [美]富勒:《法律的道德性》,郑戈译,商务印书馆,2005年,第8页。

定要为个体提出超越底线道德的道德要求,尤其是将纯粹的道德转化为法律要求,不仅会导致规范效力的虚化,法律规范的效力无法落实,更容易造就道德绑架和社会的普遍虚伪。基于这一划分,富勒认为,在立法过程中,义务的道德可以转化为法律义务加以强制实施,而愿望的道德则不能轻易转化为法律义务,从而为道德义务向法律义务的转化、法律对于道德领域的调整设定了疆域。

  虽然这一共识已经形成,但是如何去区分义务的道德和愿望的道德,从而在立法过程中将属于前者的规范转化为法律义务?尽管富勒提供了一个辨识出义务概念之最佳功效的三项条件①,但是由于其理论的抽象性使得其实践性会随之减弱。因此,需要从现实立法案例出发,通过分析立法实践,更好地理解富勒的理论内涵。当初"小悦悦事件"发生之后,广东省试图通过立法来惩罚见死不救的行为,立法动议最终被否决。与之对比,《民法典》第一百八十四条规定:因自愿实施紧急救助行为造成受助人损害的,救助人不承担民事责任。前一条规则试图对

---

① 首先是互惠关系,从这种关系中产生出来的义务必然来源于直接受影响的当事人之间的自愿协议,他们自己创造了这种义务。其次,当事人的互惠式履行必须在某种意义上是等值的。当我们在互惠关系中寻求平等的时候,我们所寻找的是可以用来衡量不同种类物品之价值的尺度。最后,社会中的关系必须具备充分的流动性,以至于今天你对我负有某种义务,明天我可能对你承担起同样的义务。换句话说,义务关系在理论上和实践中都必须是可逆的(reversible)。

不履行见义勇为这一道德责任的主体进行惩戒,后者则在帮助见义勇为的主体规避践行善行中的风险,两条规则都旨在鼓励人们见义勇为,二者的区别在哪,为什么前者无法转化为法律规则,后者则可以。对比这些规则,我们可以发现,从行为的外部性影响来看,可以转化为法律义务的规则,并不见得是因为明确了特定义务出现之后会给社会运行带来积极的影响,但是如果缺乏这种义务的履行就会带来的一系列的社会问题、社会危害。比如,个体在践行见义勇为行为中的法律风险如果不被规避,做了好事还需要承担法律责任,必然导致个体"多一事不如少一事,对身边的人和事保持冷漠"的道德滑坡,基于这一原因,需要立法帮助个体规避践行善行中的风险。或者公布法律并不必然带来人们都能够知晓法律,很好地运用法律的积极后果,但是不公布法律所带来的弊端却是显而易见的,基于这样的原因,必须公布法律。而作为愿望的规则,从外部效力的角度考虑似乎是,这样的行为能够产生怎样积极的、好的结果是显而易见的,相反,缺乏这样的行为会对现有社会造成什么样的危害则是不明显。比如直接拒绝见义勇为的道德淡漠也不是一种对社会的积极危害,基于这一系列行为并不具备任何"紧迫性"的社会危害,法律就并未试图惩戒这一行为,未将这样的行为纳入其调整范围。一般情况下,作为规制外部行为的法律,只能对会带来确定消极后果的行为进行规制,而不会对消极影响并不明显的行为进行规范和调整。

除了从行为是否会发生确定的消极外部影响进行判断,是否可以将特定的道德义务转化为法律义务,还可以从个体自由的角度考量。是否见义勇为,从根本上是关切个体良心自由、意思自治的问题,如果允许法律予以规制,其实就是允许法律强制人们去选择特定的生活方式。所以,义务的道德和愿望的道德,其划分事实上关切到个体的良心自由、伦理自主的"自治"问题。现代法治追求的目标,是对个体自由的保护和实现,作为具有强制性的但是又是站立在权利本位的法律,不可能也不应该强迫一个人去过某种特定的生活,或者说强制他做到他的才智和德性所能允许和达到的最好程度。正如富勒所言,"我们没有办法强迫一个人去过理性的生活。我们只能做到将较为严重和明显的投机和非理性表现排除出他的生活。我们可以创造出一种理性的人类生存状态所必需的条件。这些只是达致那一目标的必要条件,而不是充分条件"①。换句话说,法律只能阻止人们不去过更为糟糕的生活,但是却不能强迫人们去过在旁人看来似乎更好的生活。那些能够构成义务的道德,能够转化为法律义务的道德,事实上并不对个体选择自己想要的生活的"自治"构成损毁和否定,而愿望的道德则需要一定程度上侵入个体自治的领域,因此不能将其随便转化为强制化的法律义务。正是在这个意义上,富勒认为明确二者的界限是非常重要的:如果义务的

---

① [美]富勒:《法律的道德性》,郑戈译,商务印书馆,2005年,第12页。

道德向上伸展出它的恰当领域,强制性义务的铁腕就可能抑制试验、灵感和自发性。反之亦然,如果把本来属于义务的领地视为愿望的道德予以对待,将本来应该属于强制的义务道德转化为个体自主选择的愿望的道德的领域,人们就会根据他们自己的标准来权衡和限定他们的义务①,从而导致社会秩序的失范。

毫无疑问,法律是社会有效运行的重要保障,但是,法律并不是社会秩序、社会图景得以形塑的唯一规范,作为一种由国家强制力保障实施的规范,我们在借力它来达致理想的社会图景时要非常谨慎,毕竟充满温情的法律本身也是有达摩克利斯剑护航的,是会切实地对我们的人身和自由构成强制的。所以法律既不是万能的,也不能是万能的,它的场域常常被划定在构建社会基本秩序、满足社会有序化的基本要求的领域,至于我们更宏伟的社会蓝图,更高尚的社会理想,更美好的社会期待,还需要在法律之外寻求其他社会机制予以支持。

从法律的视角理解自由就意味着,如果个体要真正拥有一个有效的自由空间,则必须允许下述风险存在:该自由的行使方式从客观观察者的角度看,拒绝的理由也许多于保护的理由。自由原则包括了做一些看上去并不那么理智的事情的可能性。这是法治逻辑与德治逻辑的差异所在。对于个体选择自己想要的生活方式的自主性的尊重,一方面是对其人格尊严的承认,是

---

① [美]富勒:《法律的道德性》,郑戈译,商务印书馆,2005年,第34页。

对其主体性的尊重，每个人都有权在不对他人构成妨碍的前提下，自主选择彰显自我、表达自我并构成自我认同的方式去生活，去行动。另一方面，个体选择自由的自主性背后，庇护的是每一个人的个性，对于个体而言，个性是个体画像得以明晰和呈现的关键所在，而对社会而言，只有每一个人有权利保有自身个性的社会才会具备多样性的特征。人类的多样性是人类社会得以进步的根本动力所在。历史经验向我们彰显了这样一个非常重要的事实，即人类在文化、科学、经济和政治等方面的发展，往往是由个人或者亚文化人群同社会普遍接受的信念相左和不一致的观点、学说和举动所致，对多样性的珍视和保留，其实就是在为人类进步保持不竭的动力。法律层面对于道德规范如果过度倡导，会遮蔽和压迫这些有可能让人类社会得以受益的人性光辉和智慧源泉。事实上，对良善社会的伟大证成之一，就是应该容许个体进行不同的生活实验和在不同生活方式中间作出可变的选择。

二、德法互济的立法实践：以公务员制度为例

在明确的道德立法的界限所在之后，需要进入具体的立法实践中去探讨德法互济在落实上所应该注意的问题。由于媒体报道和文艺作品演绎的关系，关于法律与道德的关系，相较之其他部门法领域，刑法领域引发关注的案例最为突出，由此产生的公共讨论也相对成熟，其中不乏带来切实的现实变革的例子。但是，除了刑法领域，其他部门法领域也存在需要审慎处理的法

律与道德关系的问题,比如行政法中的公务员制度。

受到传统士大夫文化的影响,当下我国的国家治理极其强调国家公务人员,尤其是领导干部这个群体在道德建设中所应该发挥的先锋模范作用。"'以德治国',首先是针对各级领导干部而提出的思想道德约束,要求各级领导干部率先垂范,不仅要依法管理国家事务、依法行政,而且要以德管理国家事务,以德行政。"[①]对国家公务人员在依法治国和以德治国中应该发挥关键作用的要求,不仅仅体现为一种政策倡导,同时也在具体的立法中予以落实,公务员制度中存在大量对于道德原则的倡导。将道德要求纳入法律规范,既体现了新时代对公务员的要求,也是现行条件下"以德治国"的题中之义,有利于提高公务员的道德品质,提升公务员队伍的形象,营造风清气正的政治氛围,提高人民群众对党和政府的信任感和认同感。但是,具体分析当下将道德规范融入法律规范的实践,存在与法治思维和精神存在矛盾的地方,需要进一步的完善。以《公务员法》第十四条为例,依据该条规定,公务员应当履行下列义务:"(一)忠于宪法,模范遵守、自觉维护宪法和法律,自觉接受中国共产党领导;(二)忠于国家,维护国家的安全、荣誉和利益;(三)忠于人民,全心全意为人民服务,接受人民监督;(四)忠于职守,勤勉尽责,服从和执行上级依法作出的决定和命令,按照规定的权限和程序

---

① 罗国杰、夏伟东:《论"以德治国"》,《求是》2001 年第 15 期。

履行职责,努力提高工作质量和效率;(五)保守国家秘密和工作秘密;(六)带头践行社会主义核心价值观,坚守法治,遵守纪律,恪守职业道德,模范遵守社会公德、家庭美德;(七)清正廉洁,公道正派;(八)法律规定的其他义务。"尽管立法动机是非常积极的,但是,一方面,由于以上的法律规范内容缺乏明确的责任机制,导致规范效力仅仅停留在倡导的层面,无法起到法律规范的实际效果。另一方面,大量道德用语进入立法,形成了一系列不确定法律概念的出现,这就为行政和司法裁量留下了大量的空间,这一裁量权如果运用不当,既不利于法律效果的落实,也无助于公务员权益的保障。如"清正廉洁""公道正派"等道德化用语的所指,并没有清晰的规范定义,对其内涵的把握可以狭窄也可以非常广阔,这就为法律适用过程中泛化公务员责任提供了空间,导致公务员权益受到不当影响。

  道德化的法律义务的施加,必须以明确法律责任的方式予以落实,而不是停留在原则化的道德倡导层面。在过去几十年间,公共行政很多学者在研究行政伦理方面做出了积极探索,提出了一系列有关公共行政伦理方面的清晰主张。这些主张最为明显的特质就在于,将实现正义的过程与广泛的自治、责任、正当程序等要求紧密关联,从而使得行政伦理不再仅仅具有倡导价值,而是切实地落实到了公务员的具体行动当中[①]。在一个已

[①] 李海鹏:《德治之维与法治之度:新时期中国行政伦理价值的定位》,《重庆大学学报(社会科学版)》2011年第4期。

经基本不受传统文化拘束的语境中,如果我们依旧将传统文化中的"圣人社会"的假设运用于今天的制度建设中,导致制度建设中充满了浓厚的道德期待,却忽视了法律责任的设定,这样的制度设置本身无法起到事前树立规范、清晰权利义务,事后有效追究责任的形式理性优势,更有可能导致的悖论就在于,制度上的道德要求规定得越完善,公务人员失德的情况就越普遍。因此,如何在公务员的义务规范的设置中,将对公务员的道德期待与法律制度的规范要求同时兼顾,这是未来公务员制度建设中正确处理道德与法律关系时需要考虑的重要问题。

此外,关于公务员服从义务中的法律与道德冲突问题,也是需要审慎对待的立法议题。现代生活的主旋律是理性,当这种时代潮流和官僚组织体系相遇时,技术理性的重要性就被不断地强调和放大,服从权威、推崇技术进步的偏好超越了对于人类价值和尊严的理解和保护欲望。先进的行政技术结构,官僚组织运行的基本模式,都在阻却组织中的个体对自身参与行动本身的伦理意义的追问和反思,所有的这一切,不仅会导致行政官僚很难意识到自己行动的伦理冲突,即使是个体意识到这个问题,也很难在一个强调效率和制度服从的环境中找到面对这种冲突的有效行动指南。《揭开行政之恶》的作者艾赅博和百里枫指出,现代组织分解了个人的责任,要求部门化地实现角色目标来完成每天的工作任务,从而导致很多事情发生时人们根本无法意识到和了解到事件的邪恶性质,除非是在事件发生之后(甚至经常是事后也不能了解)。社会与公共政策非常容易设计一种工具性或者技术性的目标(这样就排除了伦理的要素),于是出现了追逐政策目标的人们盲点上的道德错位。因此,人们完全有可能在坚持公共服务原则与职业伦理的同时,参与到更大的邪恶当中,直到事情无法挽回时才幡然醒悟(或许永远不能醒悟)①。

为了防止"行政之恶"的存在,一个急迫的实践议题是,当行政官僚自身已经做出了伦理判断,认为上级命令存在错误,违背道德认知时,应该如何应对自身的道德判断与法律设定的服从义务之间的冲突?如果完全否定个体的伦理自觉,有可能在众多服从所展现出来的"平庸的恶"中导致人类陷入万劫不复的深渊。但是,如果允许公务员任意地违抗上级命令,也可能导致行政官僚机器的低效和瘫痪。如何平衡伦理自觉与行政效率之间的张力,成为行政法治必须认真思考的议题。中国 2005 年制定的《公务员法》(当时是第五十四条,2018 年修改之后变为第六十条)对这个问题进行了回应。《公务员法》第六十条规定:公务员执行公务时,认为上级的决定或者命令有错误的,可以向上级提出改正或者撤销该决定或者命令的意见;上级不改变该决定或者命令,或者要求立即执行的,公务员应当执行该决定或者命令,执行的后果由上级负责,公务员不承担责任;但是,公务员执

---

① [美]艾赅博、[美]百里枫:《揭开行政之恶》,白锐译,中央编译出版社,2009年,第 12—38 页。

行明显违法的决定或者命令的,应当依法承担相应的责任。

《公务员法》将原《公务员暂行条例》中的公务员不得"对抗上级决定和命令"改为"不得对抗上级依法作出的决定和命令",在决定命令之前增加了"依法作出"的限定,即公务员执行与服从的应该是合法的决定命令,换句话说,公务员可以不执行违法的决定和命令,从而对公务员个体自觉地行使良知保留了空间。与此同时,第六十条还赋予了公务员在面对与自己伦理判断相冲突的行政命令时以下行使良知自觉的权利:首先,如果认为上级的决定或者命令有错误,可以向上级提出意见和建议,也就是享有抗辩权。凡是上级的决定或者命令超越权限范围、认定事实不实、解释与适用法律错误、程序违法、行政裁量权的行使不合理或者不适当等,都属于错误的范围。其次,提出意见和意见后,上级不改变决定或者命令,或者要求立即执行的,公务员应当执行该决定或者命令。这里包括了两种情况:一种情况是如果公务员提出的不同意见没有被上级采纳,公务员应当执行该决定或者命令;另一种情况是上级下达的决定命令具有很强的时效性,下达时即要求立即执行,此时公务员对决定命令有意见,只能是边执行边反映意见,不能停止执行等待上级的反馈,否则会贻误时机。在上述两种情况下,执行的公务员可以免责,后果由上级承担责任。另外,对于明显违法的决定命令,公务员享有拒绝执行权。对于"明显违法"可以从两个方面来判断:一是上级的决定或者命令将导致刑事犯罪;二是上级的决定或者命令严重违反从业规则。鉴于已经为公务员提供了前系抗辩权利,如果公务员执行明显违法的决定或者命令,这时不得以执行命令为由而免责,而是要承担相应的责任。

由此可见,《公务员法》在制定的过程中本身是对提升行政官僚的行政伦理,防止行政之恶,同时兼顾法治与德治的要求作出了努力的。但是,该规定中存在"有错误"等类似的不确定法律概念,实践中公务员在具体的情境中依旧很难确定自己的行动是否属于法律授权的范围,同时程序上也没有为公务员行使相关权利提供明确的程序指引,这一系列制度漏洞都导致这一规范在现实操作层面依旧无力帮助公务员有效应对命令执行过程中的伦理困境。

全国人大法律委员会在对《公务员法》(草案二次审议稿)作修改意见的报告时指出:"如果上级决定或者命令明显违法,如刑讯逼供、做假账、走私等,公务员当然有权拒绝执行,否则,除上级应当承担责任外,该公务员也要承担相应责任。"法律委员会所列举"明显违法"的典型表现——"刑讯逼供、做假账、走私"——均为公务员执行即构成犯罪的情形。不难看出,立法者对于明显违法的判断是依据"抵触刑法标准",但"抵触刑法标准"几乎可以认为是一种底线型的行政伦理,并不足以回应更高层次的行政官僚所可能面对的伦理困境,也不足以满足"以德治国"所提出的更高的治理图景的期待。鉴于此,在未来的《公务员法》修改中,应该在兼顾作为法律条文的准确性和可操作性目标的同时,能够拓宽规范调整的伦理范围,为公务员提供更好的道德指引和行动指引。

事实上,尽管立法是法治得以实现的关键领域,但是法律与道德的冲突不仅存在于立法领域,道德判断与法律判断最真实的对话,更多的是发生在法律的执行领域中——行政和司法领域,尤其是司法领域的个案处理中,比如泸州继承案、于欢案、昆山反杀案等。作为一个有着悠久道德传统的国家,道德对当下的影响依旧是深刻的,因此,围绕相关案件的讨论,公共领域的焦点依旧是道德如何能够引导法律的判决。但是,正如前文所指出,面对真实的个案,道德直觉能够为公正的案件裁决提供某种方向指引,但是这并不意味着法律自身无法提供这样的裁判逻辑和资源。鉴于我国当下的治理语境需要将法治作为基础性和主导性治理秩序来对待,在法律实践中还是应该更多地考虑对于法律权威的维护,从法律本身去思考实现道德直觉所期盼的判决结果的可能,在法律思维和逻辑的框架内融入和实现美好的道德期待。

第五章

法治与德治结合的社会视角：教育实践逻辑

国家治理现代化的推进不仅需要国家权力自上而下地进行，更需要社会和好公民的积极参与。因此，对于法治与德治关系的讨论，还需要从社会层面予以探索。我国国家治理体系和治理能力现代化，要求在国家与公民关系上形成一种新的模式——维系国家和社会关系的平等与和谐，有赖于公民对公共生活的参与和合作，以形成时代语境下所需要的公民品德。这就要求从教育维度思考，如何培育国家治理现代化所需要的公民品德。品德与制度是两种不同的社会治理、社会控制的手段（庞德语），它们在调整对象、范围、力度、效果等方面都存在差异。现代社会是理性化的陌生人社会，社会交往建立在陌生人之间达成的契约之上，制度对于保证社会交往，维系社会互信，规避交往风险具有决定性意义。因而，现代社会的首要任务是制度建设问题。"一个社会中人们的道德处于一种什么样的状况，在很大程度上取决于社会为此而做的制度安排。因此，重建道德，首先还不在于宣传和号召，而是在于制度建设。"[1]但是，强调制度的重要作用，并不能陷入"制度万能主义"，抹杀现代公民

---

[1] 孙立平：《道德问题的社会学分析》，《北京日报》2001年6月6日。

品德培育的重要性。实际上,制度建设与品德培育之间有着相互补充、相辅相成的内在关联。在理性化、制度化的现代社会,必须合理定位制度、法律规范以及公民品德的价值,以实现几者之间的有机结合与有效统一。

第一节　现代社会与公民品德

无论是公民理论的历史叙事,还是当代社会的特征研判,公民品德在当下似乎已经成为只在理论回归意义上使用以描述传统社会特征的古语。传统社会重视公民、共同体、德性,而现代社会注重制度、个体、权利,已然成为人们习惯的认知定势。在以制度为基本特征的现代社会,公民品德成了相对暗弱甚至不合时宜的道德话语,现代社会与公民品德之间的内在关联也由此存在被遮蔽的危险①。事实上,现代社会的有序运行与良性发

---

① 关于制度与德性之间的关系,学界的代表性观点:一是"互补说",认为制度与德性是两种不同的手段,对于社会管理与运行而言是相互补充的。譬如,有学者认为"制度公正是一个好社会的底线,它不仅自身构成和谐社会的必备德性,而且对于发育和光大和谐社会的另一个必备德性——社会成员的仁爱之德来说,具有不可替代的作用。一个和谐社会是一个公正和仁爱互补互励、和谐相处的社会"。二是"一体说",杨国荣认为,人作为道德主体的多样性特征绝不可能是分裂的,而是一个统一性的结构。人的整体性统一为德性的存在提供了稳定性。如果脱离了人本身的存在,德性就失去了伦理意义。德性是道德行为的基础,但是它必须遵循共同的规范。在道德实践中,德性(转下页)

展,离不开公民对规则意识的内化与守护、对多元文化的理解与宽容、对政治共同体的忠诚与认同以及对社会公共生活的参与和奉献。因此,揭示现代社会与公民品德的内在关系,在现代性理论视域中开放出公民品德的内涵与价值,将有助于化解现代性带来的负面效应,发挥公民品德对现代社会的支撑与守护价值。本节从现代社会最为显著的四个方面:风险性、个体化、制度化以及公共化入手,探讨公民品德的现代性维度,阐释公民品德与现代社会的内在关联。

一、现代社会的风险性与公民品德稳定的向善定势

与充满稳固性的传统社会相比,现代社会无疑是一个充满变动、不确定性的风险社会。在《共产党宣言》中,马克思曾将"永远的不安定和变动"视为以资本主义为代表的现代性社会的基本特征。"生产的不断变革,一切社会状况不停的动荡,永远的不安定和变动,这就是资产阶级时代不同于过去一切时代的地方。"[①]当代德国社会理论家乌尔里希·贝克将现代社会特别

(接上页)与规范不可分。规范意味着"你应该如此",而德性意味着"我应该如此"。三是"目的-手段说",制度不过是达成德性的手段,德性是人类永恒的追求,过有德性的生活是道德生活的基本目标,代表性学者是中山大学李萍教授。四是"内容-形式说",认为制度与德性的关系就是内容与形式的统一体,制度是形式,德性是内容,没有制度的德性是盲目的,而没有德性的制度是空洞的。

① 《马克思恩格斯文集》第 2 卷,人民出版社,2009 年,第 34 页。

是当下的社会阶段称之为风险社会,认为其中的风险不同于传统社会的自然风险,而是社会性、技术性的风险,它们遵循"不断增长的人为制造的不确定性的普遍逻辑"①。在英国社会学家鲍曼看来,现代性在当代社会已经由稳定的"固态"发展为流动的"液态",他将现代性的这种全新阶段称之为"流动的现代性",它使现代社会变得"不确定、不稳定与不安全"②。由此看来,现代社会充满了无法预测、不可控制的风险性和强烈的流动性、不稳定性。

这种风险性、不确定性弥散至社会生活的各个角落,解构了传统社会整体性的社会结构。在整体性、同质性的传统社会,个体被归置于恰当的社会位置,承担相应的社会角色,发挥相应的社会职能,人们在整体社会结构中确立自我、安顿自我,以保证生活的稳定性、统一性以及向善的伦理追求。与传统社会相比,社会生活的统一性在现代社会逐渐变得分崩离析,人们稳定的社会生活逐渐走向支离破碎,社会角色出现分化,个体走向碎片化,人们感受到的不确定性和疏离感越来越强,正如昂格尔所说,"在这个社会中,每个人属于许多重要的集团,不过,每一个集团只影响他生活中一个有限方面,因此,人性就被切割成一系

---

① [英]芭芭拉·亚当、[德]乌尔里希·贝克、[英]约斯特·房·龙:《风险社会及其超越:社会理论的关键议题》,赵延东、马缨等译,北京出版社,2005年,第7页。
② [英]齐格蒙特·鲍曼:《流动的现代性》,欧阳景根译,上海三联书店,2002年,第2页。

列分离的、甚至是相互冲突的特殊活动"①。每个人都在角色分化、社会分工、时空重组中成为碎片化的自我。由此带来的后果是,人们的社会生活缺失了整体性和稳定性,丧失了对政治共同体的认同感和归属感,现代社会弥漫着无家可归的漂泊感,以至于"我们似乎都不能再掌控生活"②。

为应对现代社会的风险,确保社会的稳定和良序,公民需要培育在政治生活、公共生活中必备的品德。公民品德是公民在政治生活和公共生活中表现出来的获得性品质,是成就公民身份或资格的德性、品质,是个人成就现代公民的政治伦理要件。公民品德是成就公民的德性,反映公民这一特定社会主体的内在品质、力量(strength)。作为一种获得性的品质,德性一旦获得就可以形成较为稳定的性情和精神定势(disposition)③。德性最初与个人的总体生活是一致的,它的稳定性立足于人类社会生活的整体性与统一性,"以人在生活世界中存在的整体性为其本体论根据"④。在麦金太尔看来,"在许多前现代的传统社会中,个体通过他在各种各样的社会团体中的成员资格来确定自

---

① [美]R. M. 昂格尔:《现代社会中的法律》,吴玉章、周汉华译,译林出版社,2001年,第140页。
② [英]齐格蒙特·鲍曼:《流动的时代:生活于充满不确定性的年代》,谷蕾、武媛媛译,江苏人民出版社,2012年。
③ 杨国荣:《伦理与存在——道德哲学研究》,北京大学出版社,2011年,第152页。
④ 杨国荣:《道德系统中的德性》,《中国社会科学》2000年第3期。

己的身份并被他人所确认。……作为我的实体的一部分,它们至少是部分地,有时甚至是完全地确定了我的职责和义务。每个个体都在相互连接的社会关系中集成了某个独特的位置;没有这种位置,他就什么也不是,或者至多是一个陌生人或被放逐者"①。无论是古希腊的德性伦理,还是中国传统社会的儒家伦理,直面的社会背景都是整体性的社会结构以及统一化的生活形态。城邦时代的社会是一个分工互助的有机体,不同社会成员有各自的社会分工,按照相互需要的原则形成社会合作。传统儒家德性伦理契合家国同构的社会结构与安定祥和的乡土生活形态。社会成员的内在德性为这种整体性的社会结构以及稳定、统一的生活状态提供保证。

公民品德是现代公民应当具有的道德人格,具有稳定性、向善性的精神定势。这种精神定势在分化的现代社会,为原子化、碎片化的个人过上整体性、统一性的政治生活、公共生活提供主观依托与内在保证。这种保证既不是偶然式的,也不是教条化的,而是以稳定的、恰当的方式发挥作用。安娜斯将德性看作是人的状态或品德,这种状态或品德能够保证人们基于正确理由以合适的方式做出正确行为,它的基本特征是素质化

---

① [美]阿拉斯戴尔·麦金太尔:《追寻美德:道德理论研究》,宋继杰译,译林出版社,2024年,第42页。

(dispositionally)、习惯性(habitually)以及可靠性(reliably)①。作为可靠性、整体性的道德人格,公民品德能够促进社会交往与社会合作,缝合"断裂"②的社会结构与疏离的社会关系,消除现代社会出现的偶然性、不确定性。公民品德一旦形成,社会成员在面对政治生活、公共生活时便能保持积极、理性、宽容的心态,对于他人充满关怀,对社会担当责任,对政治共同体抱有忠诚,从而保证社会成员实现权利与责任、利己与利他、个体生活与公共生活的统一。因此,面对现代社会的风险性、不确定性,公民品德为公民稳定的行为模式提供道德担保,能够有效化解现代社会生活领域的动荡不安、领域分离与人们社会生活所希冀的安定有序、和谐幸福之间的张力,使公民过上稳定的社会生活。

二、个人主义的冷漠与公民品德的道德情感

个体的释放是现代社会的基本特征。自启蒙时代注重个人的自由、民主、财产等自然权利开始,个人主义就构成自由主义意识形态的价值内核,资产阶级更是在个人主义思想内核上完成了现代社会的制度设计。个体在社会转型的背景下由传统社

---

① Julia Annas,"Virtue Ethics", Davis Copp ed., *The Oxford Handbook of Ethical Theory*, Oxford University, 2006, pp.514-534.
② [英]安东尼·吉登斯:《现代性的后果》,田禾译,译林出版社,2000年,第4页。

会"镶嵌的自我"转向现代社会"原子化的自我"。但在现代社会,商品经济发展确立了个人自主原则,塑造了自主、自由、独立的个人,麦克法兰不无深刻地指出,现代社会的要义在于"个人变成了一个完整的社会缩影,赋有了属于其个人的各项权利和义务"①。

诚然,重视个人权利是现代民主制度的基本价值诉求。个人主义的兴起,挣脱了传统社会一体化的襁褓,增进了社会活力,但其引起的负面社会效应也很明显。个人主义造成了社会关系的松散,社会资本的流失,"人与人之间的联系因为松散而令我们感到自在,但也正因为如此,它也十分不可靠。团结一体对于人们来说是件难以完成的任务,同样,它的好处以及它的道德意义也难以为人们所理解"②。个人主义是市场经济中资本力量催生的结果。资本的力量推动社会进步,塑造社会的现代性特质,社会成员也紧随无限扩张、蔓延的资本到处流动,社会历史也由此不断由地方性走向世界历史。市场经济强调效率、等价交换、功利主义、实用主义以及金钱至上等价值准则。"如今市场语言无孔不入,把所有的人际关系都纳入以强调自我优先

---

① [英]艾伦·麦克法兰主讲:《现代世界的诞生》,刘北成评议,上海人民出版社,2013年,第140页。
② [英]齐格蒙特·鲍曼:《流动的时代:生活于充满不确定性的年代》,谷蕾、武媛媛译,江苏人民出版社,2012年,第31页。

权为导向的模式里。"①但在信奉商品拜物教、金钱至上的市场经济时代,人们的精神文化领域容易出现"道德贫血",精神家园荒芜与信仰缺失等状况。黑格尔在《法哲学原理》中将市民社会看作是"需要的体系"和"个人私利的战场"②。马克思更是鲜明地指出,"它使人和人之间除了赤裸裸的利害关系,除了冷酷无情的'现金交易',就再也没有任何别的联系了"③。

"个人主义的阴暗面是以自我为中心,这使我们的生活既平庸又狭窄,使我们的生活更缺乏意义,更缺少对于他者和社会的关注。"④个人主义撕裂了情感化的社会纽带,消解了温情化的社会交往,加剧了社会内部的分裂。社会学将维系社会交往需要的情感、价值、道德元素称为社会资本,其作用在于将散乱的个人连接、聚合一起,增进社会成员的团结与友谊。而个人主义造就了原子化、孤岛式的个人,致使社会关系内聚所需的社会资本流失以及社会成员之间情感冷漠。这些都需要充满仁慈、温情、关怀等道德情感的公民品德加以补救。品德内蕴了人的道德情感与伦理关怀,德性伦理所主张的关爱、同情、仁慈等反映了道

---

① [德]尤尔根·哈贝马斯:《信仰和知识——"德国书业和平奖"致辞》,朱丽英编译,《马克思主义与现实》2002年第3期。
② [德]黑格尔:《法哲学原理》,范扬、张企泰译,商务印书馆,1961年,第203、309页。
③ 《马克思恩格斯文集》第2卷,人民出版社,2009年,第34页。
④ Charles Taylor, *The Ethics of Authenticity*, Harvard University Press, 1991, p.4.

德温情脉脉的面相,也体现出道德主体的本质和尊严①。"道德德性是灵魂的进行选择的品质"②。当代德性伦理复兴的一个重要靶点就是规范伦理学。以规则为中心的规范伦理学,或是将道德视为冷血的规则(义务论),或是将道德看作是利益的计算(后果论),遗失了道德本应具有的展现人的情感、意志等主观道德情感以及宣扬人性与社会之善内在品性的面相。公民品德是成就好公民的内在情感与向善品德,反映可以促进人际良性互动、友善关怀的公民之善,尤其能在公共生活中彰显出对其他社会成员的温情和关爱。迈克尔·斯洛特(Michael Slote)的德性伦理学,就认为道德应当基于行为者的内在力量(inner strength),其《源自动机的道德》(Morals From Motives)就明确表明:"以内在力量为基础的道德,使仁慈、同情、友善等情感或动机在原生意义上成为可欲的和道德善的。"③德性能够为现代社会的陌生人群体提供普遍化的行动指导,用以增进社会的福祉和公共善。

公民品德在整合个人社会生活的行动中,展现出公民应有的道德品质、道德情感,塑造出稳定、良序和温情的政治共同体。公民品德的人格特征为自我与他人之间的关系统一提供保障,

---

① 高国希:《论个人品德》,《探索与争鸣》2009 年第 11 期。
② [古希腊]亚里士多德:《尼各马可伦理学》,廖申白译注,商务印书馆,2003 年,第 168 页。
③ Michael Slote, *Morals From Motives*, Oxford University Press, 2001, p.19.

"在自我的存在这一向度上,德性的特点在于体现了主体各个方面规定的统一;与之相应,在自我与他人的关系上,德性的特点在于确认成就自我与成就他人的统一"①。公民品德由此成为公民在现代社会不可或缺的社会资本,是人际交往、互动乃至社会关系建构的纽带。如同涂尔干揭示的由"有机团结"向"机械团结"过渡那般,社会连接的纽带在社会转型中发生了变化,"进入一种高度流动的城市化-工业化(urban-industrial)社会以后,那些曾将人们团结在一起的旧有纽带——家庭、身份等级(status hierarchies)、固定共同体(fixed communities)、宗教信仰、政治绝对主义(political absolutism)等——不再坚固,不再能够凝聚一个民族(nation)或文明"②。但与此同时,公民品德总是以调动社会成员的情感、价值、品性、品质等内在主观精神的方式整合充满破碎性的现代社会。"现代社会要克服'公民的私人化症状',克服冷漠、不合群、孤独,就要拥有和表现出公民资格所需要的品德。"③同样,现代社会要克服原子化个人带来的社会纽带断裂、社会资本流失以及道德情感缺失,也需要拥有和表现出公民资格所需要的公民品德。公民对国家的忠诚、认同,对他人的关心、照料,对社会的奉献、付出等基本品德,无不都包含着公民

---

① 杨国荣:《道德系统中的德性》,《中国社会科学》2000年第3期。
② [英]艾伦·麦克法兰主讲:《现代世界的诞生》,刘北成评议,上海人民出版社,2013年,第5页。
③ 高国希:《现代性与公民品德》,《上海财经大学学报》2013年第3期。

个体对国家、他人、社会的情感,让人们觉得温馨、温情和温暖,体现出公民品德情感性、价值性的特征,而这恰恰是原子化的现代社会最为稀缺的社会资本和道德情感。

三、公共领域的私人化与公民品德的实践性

公共领域的出现是现代社会的结构性特征。公民需要在公开、开放的公共场域以及政治社会实践中获得成就公民身份的品德。但公共领域的私人化已经成为当代社会的一个明显趋势,突出体现为社会领域出现的结构性萎缩以及公民参与的弱化。特别是在自由主义意识形态当道的西方社会,"我们(美国)政治生活中的公民的或生成性的(formative)方面在很大程度上已经让位于自由主义,这种自由主义把人看作完全自由独立的自我,不受任何不是他们自己所选择的道德或公民纽带的约束。"①在鲍曼看来,"生活总体上的私人化"是近代以来人们社会生活的基本特征,而且这种"私人化"弥散至社会生活的各个角落,"在我们私人化的社会中,不满似乎指向不同的方向,甚至彼此冲突,它们极少积累并凝聚成一个共同的事业"②。桑内特惊

---

① [英]恩靳·伊辛、[英]布雷恩·特纳主编:《公民权研究手册》,王小章译,浙江人民出版社,2007年,第208页。
② [英]齐格蒙特·鲍曼:《流动的时代:生活于充满不确定性的年代》,谷蕾、武媛媛译,江苏人民出版社,2012年,第31页。

呼"公共人的衰落"①,认为现代社会造就了自私的个人,个人只顾自己的私利,对社会公共生活、公众参与表现冷漠,缺少应有的热情,社会成员的公共精神和政治参与程度不断下降,严重削弱民主制度的社会基础。

在一个充满开放性的公共领域,公共性的孕育与展现受到传统封闭、狭隘的"私"文化的掣肘。特别是在我国,传统文化虽有"民为邦本"的传统,但在古代家国同构的社会结构以及专制统治的政治制度之下,现代公民观念的缺失却是不争的事实。唯私主义的兴起以及"公共人的衰落",成为现代社会迫切需要解决的问题。公民品德与公共参与是相互塑造的过程,公民通过公共领域的参与活动成就公共精神的培育和公共人的形成,而一个具有公共精神和公民品德的人,自然能够积极、主动、热情地投入社会公共生活,参与政治活动。德性表现出强烈的实践倾向,是一种在实践中形成的获得性品质。亚里士多德认为,对于德性,"我们先运用它们而后才获得它们"。"我们通过做公正的事成为公正的人,通过节制成为节制的人,通过做事勇敢成为勇敢的人。"②公民品德是公民在不断地参与政治、法律、社会实践活动中练就而成。同时,通过培养社会成员的公民品德,塑

---

① [美]理查德·桑内特:《公共人的衰落》,李继宏译,上海译文出版社,2008年。
② [古希腊]亚里士多德:《尼各马可伦理学》,廖申白译注,商务印书馆,2003年,第36页。

造他们参与政治活动的习惯性倾向以及稳定的性情特征,能够使他们自发投入社会公共领域,参与社会合作,做出习惯性和稳定性的社会行动。公民品德体现人们在政治生活与公共生活中的实践智慧,只有具有稳定品德的公民才能在公共领域的各项实践活动中做出积极的、稳定的政治行为。

公共领域是孕育公民品德的社会母体。从西方社会历史发展来看,公民品德的生成与社会公共领域的出现以及社会成员的公共生活密不可分。社会成员在共同体的政治实践活动中不仅获得自我的观念,而且也在公共生活中超越狭隘的自我。在亚里士多德那里,人是天生的政治动物,在参与城邦与公共生活中获得自由,成就自我。阿伦特进一步注解,"一切人类活动都要受到如下事实的制约:即人必须共同生活在一起"①。而且人需要过公共生活,只有在政治共同体,个人才能实现自由、尊严和社会价值。马克思说过,"只有在共同体中,个人才能获得全面发展其才能的手段,也就是说,只有在共同体中才可能有个人自由"②。社会公共领域为公民实现自我认同、社会价值以及练就公民品德提供了条件。在日渐公共化的现代社会,公共领域的维系持存,社会成员的社会合作与政治参与,人们交往方式的公共转变,都离不开社会成员所具有的、稳定的公民品德。当代

---

① [德]汉娜·阿伦特:《公共领域和私人领域》,刘锋译,汪晖、陈燕谷主编:《文化与公共性》,生活·读书·新知三联书店,1998年,第57页。
② 《马克思恩格斯文集》第1卷,人民出版社,2009年,第571页。

西方哲学领域,面对自由主义带来的政治参与弱化问题,以及由之带来的公德缺失、公共精神和公民观念缺少等情况,新共和主义公民观试图发掘共和传统下的公民美德加以补救。通过培育公共生活所需的公民美德,可以提升公民对政治共同体的认同,扩大政治实践与社会参与,克服哈贝马斯所谓的"公共领域的私人化"症状。

四、社会的制度化与公民品德的支撑补充

梅因在《古代法》中将传统社会向现代社会的转型概括为从身份到契约的过程,契约成为现代社会的重要特征。吉登斯从制度体系定义现代性,认为"现代性指社会生活或组织模式,大约十七世纪出现在欧洲,并且在后来的岁月里,程度不同地在世界范围内产生着影响"①。制度建立在陌生人社会的假设,根源于现代性的理性化特征。理性化渗透社会生活的各个层面,以管理科层制以及制度化为表现形式。在现代社会,制度成为政治共同体维系政治系统运行的规则与根本保证,但现代社会的运行不仅靠制度,还需要公民品德。

从社会构成看,社会由制度与人构成,制度尽管构成现代社会的基本运行准则,但还需要公民德性为其提供担保。良序社会的建立离不开制度的作用,但制度的运用离不开具有现代品

---

① [英]安东尼·吉登斯:《现代性的后果》,田禾译,译林出版社,2000年,第1页。

德的公民。"现代民主制的健康和稳定不仅依赖于基本制度的正义,而且依赖于民主制下公民的素质和态度"①。制度与品德相互统一,制度需要品德的支撑。美国伦理学家弗兰克纳也提到:"对每一条原则来讲,都会有常与该原则名称相同的一种好的道德品质,它包含有按照该原则行动的一种气质或倾向;而对于每一种好的道德品质来讲,也都会有一条原则,规定着体现该原则自身的那类行为。模仿康德的一句名言,我倾向于认为,原则无品质是空的,品质无原则是盲的。"②品德为政治制度提供伦理保障,公民品德又为现代民主制提供观念担保。在西方政治思想史上,先哲们在努力寻思理想的政治秩序以及良善的政治生活时,几乎都认为,一个理想的好社会既是制度公正的社会,也是拥有优良品德公民的社会。按照金里卡的分析,当代西方学者关注公民品德的重要背景是民主转型,在投票民主向审议民主转向过程中,民主的发展形成对公民品德提出需求,"如果没有公民具备这些品德,自由主义的民主制就不能实现它的正义承诺,就的确可能会受制于非民主的和非自由主义的力量"③。他将公民资格视为正义制度理论的必要补充,认为"公民资格理论旨在确定这样

---

① [加]威尔·金里卡:《当代政治哲学》,刘莘译,上海三联书店,2004年,第512页。
② [美]威廉·K.弗兰克纳:《善的求索——道德哲学导论》,黄伟合等译,辽宁人民出版社,1987年,第138页。
③ [加]威尔·金里卡:《当代政治哲学》,刘莘译,上海三联书店,2004年,第528页。

的品德和行为——需要用它们来增强和维系在正义理论中得到辩护的那类制度和政策"①。如同奥尼尔所言,"好的德性没有法律是脆弱的;但单是正义也不能指导人生,好的法律必须要有好的品性来提供支撑"②。在现代性的条件下,"制度要有公民品德作为其建设的支撑,公民品德的培养有赖于制度与公民'合作'的氛围"③。因而,公民品德为现代民主制度及其运行提供观念保证。

对于充满复杂性以及不确定性的现代社会,制度因其普遍性、抽象性,难以考量具体、复杂的社会情境。制度是公共产品,针对普遍性的社会成员。普遍性的制度常常一视同仁,而不去考虑特殊情境、特定群体。但品德并不是抽象原则指导下的具体行动,它蕴含了实践主体的实践智慧,能够保证行动者结合具体的情境,审时度势,根据积累的生活经验和行动智慧以恰当的方式从事有德性的行为。亚里士多德将明智看作品德的特征,认为"明智是一种同人的善相关的、合乎逻各斯的、求真的实践品质"④。俞吾金认为,"实践智慧排斥的正是抽象的(即与个别

---

① [加]威尔·金里卡:《当代政治哲学》,刘莘译,上海三联书店,2004年,第516页。
② Onoral O'Neill, *Towards Justice and Virture*: *A Constructive Acctount of Practical Reasoning*, Cambridge University Press, 1996, p. 9.
③ 高国希:《现代性与公民品德》,《上海财经大学学报》2013年第3期。
④ [古希腊]亚里士多德:《尼各马可伦理学》,廖申白译注,商务印书馆,2003年,第173页。

性、特殊性相分离的)普遍性的理论,推崇的则是具体的(即蕴含个别性和特殊性在内的)普遍性的理论"①。面对复杂的现代社会境遇,"解决艰难的道德问题,要靠个人运用全部智慧去做出选择,你要成为什么样的人,是你根据情境而从品质出发决定的"②。公民品德是公共生活依赖的品质,能够在复杂的政治、公共生活中对社会成员进行理智的公共理性引导,使其审时度势,"由此沟通普遍的理论引导与具体的情境分析"③。在以风险性、变动性为特征的现代社会,政治生活或公共生活出现大量不确定性、极端性、突发性的社会事件,人们常常缺少可供使用的普遍规则。此时,公民能够运用自己的实践智慧,根据具体的社会环境和时空情境,依靠自己的理智决断做出合理的行为。在公共生活中,公民品德彰显出公民对社会大众的责任能力,社会公共事务的参与能力,从而有助于化解社会关系出现的疏离,形塑稳定的社会交往方式。

这样看来,制度的运行及其保障需要公民品德的支撑,而且制度与公民品德相互补充、相互统一,共同铸就一个良序、和谐的社会。既然社会由制度和人构成,一个好社会就应当由好制度和好公民共同支持。"一个和谐社会是一个公正和仁爱互补

---

① 俞吾金:《从实用理性走向实践智慧》,《杭州师范大学学报(社会科学版)》2014 年第 3 期。
② 高国希:《论个人品德》,《探索与争鸣》2009 年第 11 期。
③ 杨国荣:《人类行动与实践智慧》,生活·读书·新知三联书店,2013 年,第 32 页。

互励、和谐相处的社会。"①德性与制度是两种不同社会治理手段与社会控制手段(庞德语)。现代社会是陌生人社会,社会交往建立在陌生人之间达成的契约之上,制度对于理顺社会交往,维系社会信任,规避交往风险具有决定性的意义。对现代社会来说,冷冰冰的规则只能保证社会的基本秩序,而要实现和谐、良善与幸福,还需要公民品德来充当缔结维系社会团结的情感纽带。

第二节 制度建设与品德培育

法治与德治结合不仅体现在现代社会系统有机运行过程中的功能互补,更在于价值层面的相互契合,它们作为社会价值形态的体现,在守护社会价值体系的方面具有协同支撑作用。从价值论角度揭示法治与德治结合论的内在根基,需要着眼于制度与品德作为价值实现的基本方式,以促成良善社会的完满构建为鹄的。现代社会有其复杂的价值系统支撑,追求至善的现代社会要完满地实现价值系统,就必须将制度建设与品德培育视为现代社会的致善之道,揭示两者之间在现代社会的价值实现层面的结合性,并为法治与德治结合的教育实践之价值证成提供说明。

---

① 李志江:《制度公正与社会和谐》,《道德与文明》2006年第1期。

一、制度与品德：社会的价值支撑及其表现形式

社会由人构成，是人与人在生产生活、社会交往各项实践活动中形成的社会关系网络，但同时也是人与人之间的价值连接体系。社会并不是散乱个人任意拼凑出来的，而是建立在人与人之间的相互需要的基础上。从根本上说，人是价值的存在物，这源于个人的非自足性和社会性，必须借助自然资源或人类合作获得生存和发展的条件和机会。相应地，人的价值本质规定了社会系统的价值基础，社会的形成与运行也需要价值系统作为担保。

因此，社会的持续与发展需要价值系统的支撑。价值系统对于社会来说，可以发挥保证社会合作、引导社会发展的作用。一个社会的存在和运行，需要一套完整、科学、合理的价值系统作为支撑。在此意义上，社会价值体系解决的是社会之所以可能的问题，其是社会聚合或社会团结的内在力量，从而使社会成为可能。在弗兰克看来，"社会生活是人类生活，是一个人类精神的创造过程，人类精神的一切力量及本质特征都投入并参与了这一过程"[1]。

对于社会来说，价值观是一个社会凝聚、团结的内在纽带。价值之于社会具有重要的整合作用，特别是在现代社会分化、专

---

[1] ［俄罗斯］C.谢·弗兰克.《社会的精神基础》，王永译，生活·读书·新知三联书店，2003年，第11页。

业分工的情况下,不同的利益群体尽管存在思想差异、社会地位差别,但可以通过社会分工紧紧有效地组织在一起,维持社会的稳定。此时,价值观念如同社会水泥一样起到凝聚作用。一个社会的核心价值对社会系统的稳定、有序运行及其团结感的塑造具有重要的意义。它使人与人之间相互凝结,生成安全感、满足感和归属感。社会的安定团结必须建立在社会成员的某些共享价值的基础上,而这基于人与人之间的相互合作、互相交流。反之,一旦社会缺少价值导向和价值追求,便可能导致社会成员缺乏认同感,社会也容易随之走向混乱和解体。没有价值基础的社会将难以解决社会合作的问题,由于社会成员相互之间缺乏价值共识,难以达成一致性,形成社会合力,社会团结与社会安定随之难以实现,更别说更高层次的向善追求了。

社会的价值支撑系统具有丰富性、层次性以及社会历史性。从支撑社会的价值系统来看,一个社会并不依靠某种单一的价值标准,而是靠一套价值系统加以支持与维系,以此满足不同阶层、不同层次社会成员多样化的需求。人的需求具有广泛性,从低端的基本的生理性需求延展到高端神圣的崇高价值向往乃至实现人的自由全面发展。特别是,现代社会的复杂性、社会主体的多样化,使人们的价值领域出现多元、多样、多变等特征,需要一套满足不同层次需要、不同社会成员需要的价值系统。这套价值系统跨越不同层次,顾及社会成员的不同类型,能够满足人们不同程度的需要。从宏观说,这一价值系统能够守护社会的底线，保障社会秩序，从微观说，其能够促进个体的自由全面发展，满足人的尊严、认同和自我实现的需要。

价值本身是具体的、历史的范畴，在不同的社会历史条件下，价值系统的内容、形态以及内部价值排序也不尽相同。传统社会是农业生产方式主导下的乡土社会，社会的同质性、稳定性强，流动性、开放性较弱，社会系统各个领域呈现整体性的合一状态，人们生产生活方式、社会交往方式相对单一，相应的价值需要比较简单。在这种政治、经济、文化、伦理融为一体的整体性社会结构中，社会存在着统一的、主导型的价值权威，以统摄一切社会领域，并成为制约、统领其他领域的"神圣裁判者"。但在现代社会，随着经济领域分离，个体的独立，整个社会结构出现分化，社会各领域逐渐分离，社会主体也随之出现多样化，人们的价值选择也由此变得丰富、多样，经济、政治、文化、生态、社会等各领域都奉行相对独立的价值准则。相应地，价值系统自身的配置以及变化也会对社会本身产生影响。根据价值本身的差异性与层次性，社会也会出现不同的样态，表现出不同的层次或类型。秩序是一个正常的社会基本的价值追求，井井有条、安稳有序才是社会的常态，人们在生产、生活各项社会实践中有序交往。一旦社会中出现人与人相互逐利、恶性竞争、弱肉强食的"丛林法则"，就可能会出现"社会何以成为可能"的"霍布斯困境"。一个社会终极性的价值追求在于幸福，"好社会"指向更高层次的价值需求，而不仅限于社会的基本持存。马克思将未来社会描述为"每个人的自由发展是一切人的自由发展的条件"①，这个社会的每个人的需要都能够被满足，"人以一种全面的方式，就是说，作为一个总体的人，占有自己的全面的本质"②。

当然，理想生活的价值追求，可以借助外在与内在的双重实现方式。在此，"法"与"德"、制度与品德是两对常见的价值实现形式。制度建设以人性恶为假设，是人的底层的、基本需要的满足，制度保证是底线，是最低层次和限度的善，制度保证社会的"不坏"就行，为社会兜底，保证人们不会犯错，或是犯错受到惩罚以便下次不犯。但对于好社会而言，这还远远不够，除此之外，还需要仁爱的社会成员，和善的社会氛围，发挥人的情感性，在社会空间中实现更高层次的价值追求，而这是制度所不能够企及的，还需要公民锤炼自己的品德。制度建设守护底线的善，而公民的品德弘扬良好的善。好社会仅仅依靠秩序的维护和持存是远远不够的，并不能实现人的全部的社会本质，它还需要人类社会整体和谐、良善，人们过得舒适，有尊严、满足感和幸福感，且每个人都能在其中实现自身的价值。可见，制度通过外在的规范为社会系统提供基础性的担保，而品德内化于主体，形成个体内在特征，积极弘扬更高层面的善，从而保证社会成员的和善、温情、团结互助，使社会趋向美好。

---

① 《马克思恩格斯选集》第 1 卷，人民出版社，2012 年，第 422 页。
② 《马克思恩格斯全集》第 3 卷，人民出版社，2002 年，第 303 页。

二、价值普遍性的实现:制度致善及其困境

制度是关于事物分配的规则体系,是用以调节社会的利益关系,协调社会矛盾,具有稳定性、常规性的规则机制。人是相互需要的社会性动物,人与人发生社会关系,但并不总是面对面式直接交往,而是需要借助中介。制度就是人与人相互联系的中介,通过规范体系将人们的社会交往纳入一定的目的之下,按照一定的原则、程序、规则,使人们社会交往常规化、常态化、规律性。恩格斯在《论住宅问题》中曾说过:"在社会发展的某个很早的阶段,产生了这样一种需要:把每天重复着的产品生产、分配和交换用一个共同规则约束起来,借以使个人服从生产和交换的共同条件。这个规则首先表现为习惯,不久便成了法律。"[①]传统社会是熟人构成的乡土社会,"抬头不见低头见",人们直接性、面对面的社会交往较多,同时也是身份社会,人与人之间的社会交往、社会的互助合作主要依赖血缘关系实现,不需要制度作为中介实现社会交往与合作。但在现代社会,商业发展让个人走向自主、自立,每个社会成员成为原子化的个人。与传统社会建立在稳固的血缘之上不同,现代社会需要建立在原子化个人订立的契约之上。按照梅因的说法,传统社会向现代社会的转型就是一个从身份到契约的转变过程。现代社会是陌

---

① 《马克思恩格斯文集》第 3 卷,人民出版社,2009 年,第 322 页。

生人社会，每天都会遭遇陌生的他者，面对相互之间不熟悉的社会成员，契约、制度是保证社会成员建立信任、形成社会合作以及培育社会团结感的重要方式。现代社会以契约、制度的方式组织起来。吉登斯从制度层面界定现代性，将现代性看作是19世纪工业化以来的一整套现代制度体系。制度的存在能够将分散的、原子化的社会个人组织起来，让陌生的社会成员聚合一起，形成社会合作与社会团结。因此，制度在现代社会发挥着重要的社会整合功能。以制度为中介，社会成员之间进行各项实践活动，社会成员能够达成一致和合作，做出确定性的、可预期的行为，并规避交往风险，最终实现社会合作与社会稳定。

制度是社会价值系统的重要承载，但并不是现代社会需要的全部价值都可以通过制度来实现。制度的基本特点是公共性。一般来说，制度的启动总是与调动社会公众或公共性的资源密切相关，关乎的都是公共性价值。这契合现代社会的公共性特征。制度的公共性能够调动社会大众的公共资源，便于社会成员开展社会合作。康德曾说过，"法对于特殊性是漠不关心的"。制度立足"众"，反映大众的一般要求，从普遍的社会整体加以考量社会层面的价值，如秩序、安全都是针对普通大众的、人人必须遵守的价值规范。制度承载了社会安定、社会安全、规范秩序等基本价值诉求，将社会成员可以普遍遵守的、公共性的价值以规范的形式表达出来。在现代社会，制度不仅需要解决公共性的利益、资源配置问题，而且需要解决社会成员的合作问题。契约化、原子化的个人在现代社会容易陷入无根、孤立和冷漠,制度的存在保证社会合作的稳定性、持续性,对参与合作的各方进行必要的限制和规定。

制度促进价值落实,但制度仅仅将那些对一个社会具有底线或兜底意义上的价值,即满足底线层面、公共性质的价值落实起来。现代性追求的核心主张有两项:主体与理性,它们在社会的政治、经济、文化、管理等各领域都不同的反映,比如经济上的贸易自由、契约平等,政治上的民主、法治、人权,文化上的宽容、多元,管理领域的科层制等,这些都是旨在维护社会基本运行以及守护底线的社会层面的基本价值规定。张华夏认为,由四项基本的伦理原则组织成一个现代社会需要的价值系统:有限资源与环境保护原则,功利效用原则,社会正义原则以及仁爱原则,相应形成四种价值:生态价值、功利价值、正义价值以及仁爱价值[①]。这些价值除了仁爱价值属于个体性价值之外,都具有公共性特征,是现代社会得以维系和运行的基本保证。制度以强制性、规范化的方式将这些具有公共性、普遍化的价值在社会各个领域具体体现出来。现代社会不仅需要制度,而且需要好制度的维系。只有能够反映社会核心价值的制度才是好制度。制度的德性在于正义。罗尔斯在《正义论》开篇就明示:"制度的首要价值在于正义。"一个正义的制度保证社会的基本正义,而一

---

① 张华夏:《道德哲学与经济系统分析》,人民出版社,2010年。

个正义的社会意味着社会需要的基本价值可以有效地实现。

可以说,依靠制度规范,现代社会能够实现社会秩序、稳定需要的公共性价值,从而使普遍认同、遵守的社会秩序安定与有序运行。但仅靠制度并不能保证现代社会成为一个好社会。一个好的现代社会,制度仅仅是其必要条件,却不是充分条件。莫兰曾将社会分为两个层次:平淡和有诗意。"我们的生活分为平淡和诗意两个方面。所谓平淡的一面是我们出于被迫或责任而只得承受的东西;诗意的一面则可使我们从爱情、友情、交流、节庆、舞蹈和游戏中获得满足、热情和兴奋。生活的平淡方面使我们得以生存,但人类更应当活得富有诗意。"①制度可以帮助人们实现社会稳定,过上平淡的生活,但不足以让人们过上诗意的生活。这源于制度本身的困境②。制度是针对全体社会成员,是带有普遍性、约束性和强制性的规范体系,制度的建立常常辅之以相应的惩罚措施。制度由此给人冷冰冰的感觉,其是技术性的,无法满足人的更高层次的价值需要。随着社会物质资料的提升以及现代社会文明程度的提高,人们对社会生活的参与、社会共同体中的团结、个体自我实现的需要不断增加。制度无法满足人的情感需要、高层次的价值需要与崇高的向善追求,无法让个

---

① [法]斯特凡·埃塞尔、[法]埃德加·莫兰:《希望之路——公民伦理的创建》,马胜利译,生活·读书·新知三联书店,2014年,第28页。
② 一般来说,制度的困境可以从技术与价值层面考虑:一是制度规范运行的"笨",即制度的效率降低,属于技术性的问题;二是制度内蕴的价值体系的"恶",未能反映社会的核心价值。

体更加充实、满足、富有满足感、幸福感等。

　　制度建立在陌生人和人性恶的基本假设之上，太过注重制度的社会，容易造成对人性的低估，以及对人类追奉价值的抑制。制度假定人人皆有自私自保的本性，为了防止相互之间的侵害从而设定制度形成互惠的社会交往。对制度的过分依赖也致使现代社会出现很多问题。制度的非人格性（impersonal）消解了社会空间应有的情感、价值纽带，诸如信任等社会资本的下降甚至威胁到社会的正常运行。帕特南正是看到了现代社会过分注重技术、制度、科层制等，造成了社会资本降低进而影响到民主社会的稳定性，认为应当培育"使民主运转起来"的社会资本。泰勒在《现代性的隐忧》也揭示了个体主义的盛行造成的社会丧失原先的纽带，诸如冷漠、信任危机都成为现代社会过分注重程式化、机械化规则的鲜明反映。韦伯以制度为核心的官僚制，是现代社会理性化的重要体现，渗透到社会生活的一切领域，对人类的精神、灵魂、情感、价值等领域产生重要的抑制作用。制度实现社会基本层面的价值需要，保证社会底线和公共、普遍层面价值的实现，但却不能保证和谐良善现代社会。社会和谐良善需要更高层面的价值支撑，需要社会成员能够发挥更高层次的、良善的道德品质。只有当一个社会的社会成员都形成稳定的、积极向善、乐于奉献的道德品质，才能形成互助合作的社会氛围，从而构建完满和谐的好社会。

三、崇高价值的内化：品德培育的现代价值

社会由制度与人构成。一个好的现代社会不仅需要好制度，而且需要好公民。好的公民品德是社会通往幸福之路，是通达至善的现代社会不可或缺的要素。现代社会是制度社会，制度能够保证社会的基本运作，正义的制度可以确保社会基本公平的实现。制度以人性恶为假定，人与人相互提防、牵制才会形成约定俗成的制度，以保证互不侵犯、和平共处。康德说过：哪怕是一群魔鬼，也可以制定一部宪法，组成一个社会。所以一群魔鬼也可以维持一种有规则即有制度的社会。只不过这种制度是以魔制魔的制度。组成一个社会用不着人人成天使。《联邦党人文集》提出"政府本身若不是对人性的最大耻辱，又是什么呢？"如果人人都是天使，就不需要任何政府了。现代政治的基本人性假设是人性恶，对人的认识并不抱有过高的期望和设定。这样成立的社会只是最基本的层面，能够保证社会存在与运行。然而，一个好社会并不仅仅满足于社会基本秩序的稳定、运行的有序，还需要人与人之间的良善、友爱、团结、尊严感、幸福感，这是对社会的更高层次的需要。社会毕竟是由人构成，人应当过上有尊严、幸福的生活，整个社会才可能达到良善。对于个体的独特性、价值、情感等，向善追求、崇高道德追求、品质提升制度无法满足的，无能为力的，还需要公民品德的塑造。

品德是人内在的积极的向善性的道德品质，是人的优良的

德性。人们对德性的追求与人的终极生活理想,至善的幸福紧密相关,品德直接与人的幸福生活联系起来。柏拉图在《理想国》中借苏格拉底之口提出"人应当过什么样的生活"的终极性问题,古往今来人类对这一问题做出了幸福生活的回答。亚里士多德将德性看作实现幸福的主体所具有的内在品质,"幸福是灵魂合乎完满德性的行动"。人的德性孕育与幸福生活直接相关,表达人类社会的目的,即德性与幸福是一致的,只有按照德性生活的才配得上过幸福的生活。斯密的《道德情操论》揭示出,"美德的极致,在于把我们的一切行为导向增进最大可能的幸福,在于使所有比较低级的情感服从于增进人类全体幸福的愿望,在于把自己看成不过是大多数人中的一个,因此自己的幸福,只有在不违背或有利于整体幸福的程度内,才可以追求"。麦金太尔也将德性看作实现幸福生活必备的品质,"美德是人实现幸福的品质,缺乏这些品质会阻碍他达到这一目标"[①]。品德与好社会、好生活的整体性目的结合一起,按照优良品德行为,人们社会生活才容易形成宽松、互助、积极和善的社会氛围,才有利于增进社会整体的福祉与繁荣。拥有品德的每个人都能够最大限度地激发起热情,乐于助人、互帮互助,社会的团结感、成员的温情感才能得到实现。

支撑现代社会价值系统的高层次价值体系中,有些价值对

[①] Alasdair MacIntyre, *After Virtue*, 3rd Edition, University of Notre Dame Press, 2007, p.148.

社会成员提出较高的道德要求。它们不是底线层次、公共性的价值，而是崇高的道德价值或理想信念。这些价值主要表达崇高的社会理想和高尚道德情感，是对崇高人性的礼赞与颂扬、向往与追求。对于社会来说，社会的仁爱、和谐、幸福等高层次的价值，并不能够通过冷冰冰的、机械的制度来现实，制度实现的只是社会的兜底式的基本价值，更高层次的价值需要积极的、具有崇高道德品质的公民来实现。好的现代社会应该是由充满温情、互助关爱、团结友善的社会群体构成，不能只是社会成员遵守规则的社会，而是应该弥漫着互助、协作的道德氛围。一个好社会应该是能让社会成员充分展现其道德情感的社会，激发成员仁爱、关怀等道德品质，充满宽松舒适的社会风气。

品德是内化于社会成员的良好道德品性，是做出善行的良好的道德行为的主观保证。如同亚里士多德所言，只有先从事德性活动，才能获得德性，通过做公正的行为成为公正的人。而判断一个公正人就是要通过看其是不是经常性做出公正的事情，将做公正的事情作为自己习惯性的倾向。与制度注重普遍性、公共性不同，品德关注个体和情境。品德是个体崇高的道德价值的内化，而不是针对社会成员的普遍规定。品德对个体成员提出了较高的价值标准，是个体的崇高道德品质的体现，它不要求每个社会成员都如此，事实上，也并非每个人都有能力按照品德的要求行事。制度需要一视同仁、没有例外，讲究普遍的适用性，而品德是道德行为主体在特定情境（通常是危难时刻）时做出的合理选择。品德"源自一种稳固持久的状态",是保证社会成员作出恰当行为的保证,是稳定的心理和性情定势(disposition)。品德是行为主体的实践智慧,是人们基于合适的理由作出正确的行动倾向。品德的存在可以为人们在极端、特殊、危难情境下做出恰当行为。在充满风险性的现代社会,品德对提升人们的道德境界,确保做出稳定行为具有积极的价值。

实际上,从一个支撑社会的价值系统的内在结构来看,价值可以分为三个层面:位于低端的全体社会都应该遵守的底线性质的普遍价值、中端层次的社会成员共同价值以及高端的崇高的甚至是信仰价值。低端或中端的价值可以通过制度的方式实现,制度可以有效地加以外化,而对于高端的价值内涵需要社会成员内化为一种道德品德,形成稳定性的行为气质和习惯倾向。黑格尔曾对品德的这种特性做了深刻的论述,他说:"一个人做了这样或那样一件合乎伦理的事,还不能说他是有德的;只有当这种行为方式成为他性格中的固定要素时,他才可以说是有德的。"[①]这种稳定性的倾向,指向的是通达社会美好生活的努力,在向善的心理、情感的引导下做出稳定性的良善的行动。品德的存在有助于激发社会成员的道德情感,培育互助参与、团结奉献的氛围,让每个人都能够体会到关爱的氛围,活得有尊严、有满足感。

[①] [德]黑格尔:《法哲学原理》,范扬、张企泰译,商务印书馆,1961年,第170页。

第三节　法治建设与公民品德

在以制度为基本特征的现代社会,人们对法律的认识容易流于形式主义,将法治简单化理解为法律制度建设,忽视其内在的主体向度。作为系统性的社会事实,法治离不开多重要素(权力、制度、教育、环境、组织、文化等)的支持与配合。其中,人的因素在法治建设中起着尤其突出的作用。尽管法治(rule of law)侧重于法律制度体系的动态运行,突出法律在国家与社会治理中的主导地位,但法律制度的制定、运行、监测和评价等无不承载着人们的价值期待,依赖人们的理性判断,体现服务社会大众的终极目的。在现代社会,法治的构成、运行和最终落实更是离不开公民的积极参与,法治建设成为法律制度与现代公民相互作用、相互塑造的动态过程。培育公民品德,塑造现代公民,能够为法治建设提供坚实的主体支撑。因而,从理论上揭示法治建设的主体向度,认清法律制度建设与公民品德培育的协同、互动关系,不仅能够更为完整地把握法治内涵,提升法治的实践效果,也有助于系统推进国家治理现代化。

一、制度建设与人的建设:现代国家治理的双轮驱动

社会语境的差异决定了国家治理模式的不同。传统社会是

建立在宗法血缘之上的"熟人社会",社会成员之间的相互交往依赖道德规范的调整。家国同构的社会结构与伦理型文化,造就了道德治理在国家治理方式中的主导地位。传统社会比较注重社会成员个体的道德品质,通过个体由内向外、内圣外王、由家及国式的推演成就有效的国家治理。"修身、齐家、治国、平天下",既是一个人不断地由个体自我走向社会自我的过程,也是个体的道德生命与政治生命一步步拓展的过程。一个恪守道德规范,道德品质高尚的人,自然能够在政治生活和社会生活中身先士卒、积极表率,依靠自身优良的道德品质管理整个国家。

然而,伴随着社会语境的转变,传统国家治理背后的社会支撑系统发生变化,道德作为国家治理主导范式也随之发生改变。与道德治理所依赖的熟人社会、宗法血缘、小农生产方式等社会条件不同,现代社会建立在商品经济、陌生人社会、主体平等的社会基础上。在社会系统中,活跃的市场经济将个体从传统社会的束缚中解放出来,并塑造了个人的主体性地位。黑格尔曾将主体性视为现代世界的根本原则,认为"近代哲学的出发点,是古代哲学最后所达到的那个原则,即现实自我意识的立场;总之,它是以呈现在自己面前的精神为原则的。中世纪的观点认为思想中的东西与实存的宇宙有差异,近代哲学则把这个差异发展成为对立,并且以消除这一对立作为自己的任务"[①]。主体

[①] [德]黑格尔:《哲学史讲演录》第四卷,贺麟、王太庆译,商务印书馆,1978年,第5页。

性原则表现为社会成员对与生俱来的自然权利的自我主张,并通过政治社会制度设计加以合法地实现。启蒙时期的霍布斯、洛克、孟德斯鸠等人纷纷从自然权利的视角论证个体权利的正当性,自然权利成为现代社会大厦赖以构建的稳定基石。可以说,现代国家治理以尊重个体的主体性为前提,并将个体所追奉的自然权利(自由、平等、人权、财产等)以制度设计的方式体现并加以保护。

一旦个体从社会结构的依附中释放出来,社会连接就不再建立在传统社会团结依赖的宗法血缘之上。英国法学家梅因在《古代法》中将全部的社会运动归结为"从身份到契约"的运动①。所谓的契约,很大程度上指的是现代社会的制度化。制度是人与人之间相互达成的用以调节物质、资源、利益分配的规范体系。制度建立在人与人之间的不可信基础上,是在对人性不信任情况下达成的最优化的社会调节方式,契合现代社会陌生人化的特点。在现代社会,以制度为中介是实现个体之间社会连接的重要方式。当现代社会割断传统社会的宗法血缘纽带,挣脱伦理的情感羁绊之后,制度无疑将会是社会交往与国家治理最便捷、最经济和最有效的方式。

这样,与传统社会突出"人"的因素不同,制度化是现代国家治理的基本方式,民主化的政治制度、内蕴契约精神的经济制

---

① [英]梅因:《古代法》,沈景一译,商务印书馆,2011年,第112页。

度、理性化的管理制度、体现个体多元价值的文化制度等,都是现代社会制度化的体现。这源于现代国家治理立足如下的社会事实:一是主体的平等、个体化。如前所言,主体性是现代社会的基本特征,保护个体基本权利成为社会制度设计、民主法治建设基本的价值取向。二是现代社会的公共化。公共性是现代社会的突出特征,社会领域分化出独立的公共领域,我们与陌生的"他者"之间的交往,社会成员之间的相互合作,以及公共性社会问题的解决都离不开制度的有效规约。"公共领域因为有了制度规则,从而极大地提高了人类共同体生活(活动)的空间和质量。自由、平等、自愿的合作体系之所以可能,是因为有各种有形无形的'制度'保障,制度需要公民的品德支撑"①。三是社会的理性化。理性化是现代社会的精神气质——现代性——的重要内涵。韦伯将"理性化和理智化"②视为现代社会的基本特征,整个社会以条理化、程式化、科层制的方式有效组织、管理起来,社会事务甚至社会成员在科层制管理系统中被"编码"为可以便捷统计和安排的符号,以便能够井井有条地统筹现代社会。四是社会的复杂性与风险性。现代性发展到晚期阶段或后工业社会,其复杂性、风险性、碎片化的特征日趋明显。此时,制度所具有的稳定性、普遍性、公共性的品质能够有效地加以应对和处理。

---

① 高国希:《现代性与公民品德》,《上海财经大学学报》2013 年第 3 期。
② [德]马克斯·韦伯:《学术与政治——韦伯的两篇演说》,冯克利译,生活·读书·新知三联书店,2005 年,第 48 页。

在制度建设过程中，最为重要的也是最具权威的自然要数法律制度。制度具有稳定性、公共性等特征，能够对社会公共事务进行有效地统筹、安排，实现国家治理所要追求的秩序、效率等基本价值。与其他社会制度相比，法律制度因其自身具有的强制性成为国家治理各项社会事务的保障力量。一切在宪法和法律制度的框架下活动，成为现代国家治理的基本信条。崇尚法治、追求法治、践行法治，也成为现代文明的突出特征。这么说，并非意味着现代社会是一个只讲究制度（法律）而不注重人（公民）的社会，只是说，相比较传统社会人治的特征，现代社会首先会突出法律制度在国家治理中的作用。

从制度与人的关系来看，一切制度总是要还原为人的因素。人启动了制度，运用了制度，赋予制度以生命。制度是原则、规范、体系的总和，但固定的制度最终需要借助人的力量来运行。制度与人总是需要处于相互适应的状态：现代制度需要现代人来操控，制度的活力依赖于有公民品德的现代公民。"对于充满复杂性以及不确定性的现代社会，制度因其普遍性、抽象性难以考量具体、复杂的社会情境。""公民品格是公共生活依赖的品质，能够在复杂的政治、公共生活中对社会成员进行理智的公共理性引导。"[①]现代制度的动力、活力都依赖于现代公民及其具备的积极合作、自律、契约意识的公民品德。可见，对现代制度建

---

① 叶方兴:《现代社会与公民品格》,《西南大学学报（社会科学版）》2014年第6期。

设来说,塑造现代公民品德将会为制度建设提供坚实的主体支撑。

事实上,即便那些注重法律制度或制度建设的思想家们,也十分注重人(公民)的塑造。自由主义者密尔甚至把塑造公民品德看作是政府的责任。"好政府的第一要素既然是组成社会的人们的美德和智慧,所以任何政府形式所能具有的最重要的优点就是促进人民本身的美德和智慧。对任何政治制度来说,首要问题就是在任何程度上它们有助于培养社会成员的各种可想望的品质"①。英格尔斯的人的现代化理论认为,如果仅仅是改变了制度、管理和技术,而没有改变人也是不得要领的。"如果一个国家的人民缺乏一种能赋予这些制度以真实生命力的广泛的心理基础,如果执行和运用着这些现代制度的人,自身还没有从心理、思想、态度和行为方式上都经历一个向现代化的转变,失败和畸形发展的悲剧是不可避免的。""一言以蔽之,那些先进的现代制度要获得成功,取得预期的效果,必须依赖运用它们的人的现代人格、现代品质。"②法治建设是现代国家治理的基本方式,一切社会活动都被纳入宪法和法律的框架之下,制度建设显得尤为重要。但塑造好公民同样也是政府的责任,成为现代国家治理不可或缺的环节。

---

① [英]J.S.密尔:《代议制政府》,汪瑄译,商务印书馆,2011年,第22—23页
② [美]阿历克斯·英格尔斯:《人的现代化——心理·思想·态度·行为》,殷陆君编译,四川人民出版社,1985年,第5页。

总之，即使是在高度重视规则之治的现代社会，人的建设问题或现代公民塑造的重要性依旧不容小觑。在现代国家治理的过程中，制度建设与人的建设不可厚此薄彼，既要认识到制度是契合现代社会和国家治理的方式，发挥制度在现代社会中的价值至关重要，也要认识到制度与人的关系，深刻理解现代公民塑造对于制度运行、法治建设乃至现代国家治理的重要意义。

二、公民品德：法治建设的主体向度

人们对法治的讨论往往从亚里士多德的法治概念开始。"法治应包含两重意义：已成立的法律获得普遍的服从，而大家所服从的法律又应该本身是制订得良好的法律。"[①]亚氏的法治概念包括了两个元素：一是良法，二是良法获得普遍遵守。前者是对法律构成的要求，即法律本身应当包含价值要素，满足人性和社会发展的需要；后者是法律运行的条件，即需要法律在具体运行的过程中能够获得普遍执行。前者本质上是法治的正当性，是属于法的自我确证范畴，涉及法的价值问题；而后者涉及法治的具体落实问题。

无论是良法的构成，还是法治的具体落实，无不体现法治的主体维度。良法包含了道德价值的法律规范，必然体现公民所要追求的道德价值。对良法可以从形式与实质两个方面理解：

---

① ［古希腊］亚里士多德：《政治学》，吴寿彭译，商务印书馆，2011 年，第 202 页。

形式上的良法应该是良法的制订反映了立法应该具备的程序性价值；而实质性的良法则应当包含了人类社会发展所要追求的道德价值。就良好的普遍遵守来说，它本质上是一个如何让公民接受法律的问题。法治要求公民接受良法，而要真正地接受良法必然要求公民将法治的基本要求、精神、价值内化于自身。只有当公民形成稳定的内在品质，并凝固成为公民稳定的品德时，公民才能真正自觉地接受、认同并信仰法治。法治要求人们普遍遵守法律，其实质就是让法治价值内化于心，让每个人自觉把法律作为值得奉行的价值追求，当成自己的信仰。这种自觉的意识需要公民把法治作为自己的生活方式，在社会生活和社会交往中，必须具备契约意识、主体意识、自律意识等。

这样，公民作为法治建设的构成性要件，是理解法治不可或缺的主体维度。法治建设不仅仅是制度建设，更是一种公民尊重、运用、信仰法律的精神品质。法治的深层意蕴，是由具有法治意识、法治精神乃至公民品德的现代公民，将法律真正地运用、贯彻、落实起来。这样，法治必然对制定、执行法律的现代公民提出要求，需要现代公民具备自主性、理性化、契约化、自律性的公民品德。如果将法律制度比作舟，拥有公民品德的现代公民如同优秀的舵手，在立法、司法和执法的过程中做出审慎、合理的判断。从法治的构成要素来看，法治的核心要素包括制订良好的法律与法律的普遍、有效落实。而法律的最终普遍落实根本上是一个涉及公民如何具体运用法律的过程。只有当法治内在的精神品质内化为公民稳定的品格特质的时候，公民才能够真正彻底地将法律执行与运用下去。这样，对法治的完满理解就必然内蕴了公民——这一主体纬度，公民品德也由此成为法治建设的主体和心理依据。

公民品德是公民在长期政治、社会实践中形成的对共同体生活所需要的价值、原则、规范等内化而成的稳定的精神定势（disposition）。公民品德是公民对现代法治精神进行内化的结果，承载着法治所传递的契约精神、主体意识、法权人格等，是法治人格化的表征。公民品德从根本上承载着政治、法律生活所奉行的基本价值。法治追求的秩序、安全、自由等基本价值，也是现代公民所必须具备的。从历史的维度看，公民品德是一定社会的法律文化累积与沉淀的结果。法治具有的深沉文化积淀会附着于社会成员个体身上，成为公民品德的重要组成部分。相应的，公民品德的实践过程，也是一个法律价值实践和法律历史文化传递的过程，其中的每个公民所内蕴的法律素养、法律文化，都是完整历史文化传统的法律叙事的一部分，承载着法律文化传统的继承与创新。

此外，公民品德还是法治建设的重要中介。法治建设的具体落实需要发挥公民品德的中介作用。法治建设最终要将法律原则、规范等落实到人们的具体行动之中。公民品德内蕴了现代法治精神的品质，包含了现代法治所要传递的原则、规范和价值。只有具有法律人格特征的现代公民才是符合现代法治需要的法律人。他们的行为会体现出法治所需要的规则意识、权利意识、平等意识等,他们的思维方式能够做到"像法律人一样思考和行动"(thinking and acting like a lawer)。公民将法律承载的价值、文化内涵和内在精神付诸实践,并将这种法治精神融入社会生活的各个领域。法治是一项实践性的事业,法治建设是一个需要公民不断地法律实践的操练过程。而法治精神要寄寓在公民身上,并转化为人们的行动,公民品德便是最为有效的承载。

从根本上说,塑造现代公民品德是实现法治建设目标的必然要求。法治的最终目标是要让人们的具体行为方式和社会关系的调整都应当置于宪法和法律之下,按照法律的意志和要求行动。法治由此表现为"化制度为行动"的力量,它不仅需要公民能够准确地认知法律,而且要求公民对法律抱有敬畏、崇敬、信仰,并期许公民将这种内在的精神力量落实为具体的行动。也就是说,法治的最终目标是能够将法治意识、观念内化于心并最终落实到实践层面。一个社会的法治建设水平最终要看这个社会的人们是否在宪法与法律的框架下行动。公民品德是公民在实践中形成的获得性品质,是公民在政治、公共生活中的实践智慧。公民品德内蕴了公民参与法律生活所需要的内在价值,体现出按照法律意志的行动倾向,具有鲜明的实践性。因而,一旦法治内蕴的精神凝固成为公民的稳定品德,公民便会自觉地投入法律实践。

可见,现代法治自然体现现代公民的需要,表达现代公民必备的自主性、理性化、契约化、自律性等基本价值。公民品德是法治建设的稳定、可靠的载体,对现代法治的运行起到重要的中介作用。此外,法治建设的最终目的必然要求塑造公民品德,培育现代公民,守护法治应有的基本价值。因而,公民品德系统展示出法治应有的主体向度。

三、公民品德与现代法治运行

作为现代国家的基本方式,现代社会的法治运行需要依赖公民品德的补足与保障。法治是一个具体、历史的社会范畴,现代社会是法治建设依凭的社会土壤。但在现代社会,理性化的社会特征容易使法治流向只注重法律制度建设的单项思维,由此出现的法治工具主义、万能主义都会降低法治的社会效果,致使法律难以应对复杂的现代社会。而公民品德能够有助于法治进入现代社会,实现法治与社会的协调发展,有效地应对现代法治建设常见的各种问题。具体包括以下几个方面。

1. 防止法律万能主义。对法治的盲目推崇容易滋生法律万能主义,认为法律能够解决现代社会所有的社会事务,能够解决我们社会生活中出现的所有的纠纷、矛盾。法治万能主义是法治建设中一种常见的社会现象,特别是在人治向法治的社会转型、法治建设起步的初期,人们往往会摒弃人治的传统,高扬法律的社会价值。诚然,在法治社会,以法律渠道解决社会问题,是现代公民必须具备的法律意识。但如果将一切社会问题的解决都依赖法律的手段,过分放大法律的功能,反而逐渐远离了法律,远离社会生活。现代社会是一个功能日趋分化的社会,社会结构出现"领域分化",社会关系充满多样性与多变性,因而,任何单一的社会治理方式都难以统摄多元化的现代社会。法律仅仅只是调解社会关系的手段之一,既要看到其对国家治理的积极价值,也需要对其作用边界保持清醒的认识。法律无法处理的社会领域为公民品德开放出广阔的作用场域。面对充满公共性与流动性的社会生活,公民依凭自己的实践智慧,对情境性、随机性的社会境遇作出审慎的思考与审时度势的判断。这样,公民品德能够对法治运行起到有效的补充作用,矫正法律万能主义带来的现实危害。

2. 克服形式法治观的危害。形式法治观是对法治作出规则主义、形式主义的理解,将法治视为已经产生法律效力的原则、规范的具体运用。"形式法治并不寻求就法律的实际内容做合格性的判定。他们不关心在那个意义上法律是善法或者恶法,条件是它们符合于法治的形式规范。"[①]形式法治观建立在"法律是什么"与"法律应当是什么"的严格区分之上,是法律实证主义的表现之一。形式法治观把握了现代社会的基本特征——个体主义与理性主义,但也使得法治变成机械适用规则的活动。如

---

① [英]保罗·克雷格:《形式法治与实质法治的分析框架》,王东楠译,姜明安主编:《行政法论丛》第13卷,法律出版社,2011年,第643页。

同韦伯揭示的那样,"现代的法官是自动售货机,投进去的是诉状和诉讼费,吐出来的是判决和从法典上抄下来的理由"①。法律常常被认为是冷冰冰的、与人无关的机械规则的集合,丧失了对人类生活终极意义的追求,呈现出"非人格化"特征。但实际上,法律是一项需要公民根据内化的法治精神,将法律原则具体应用到各种不同社会条件下的实践智慧。法治运行"要重视判断者的反思和自我调整能力,个人的经验,而非从预设的规定性出发"②。也就是说,法治运行还需要公民的心性、品质、精神等为之提供支持。法律作为实现人之终极目标的工具性价值,以及法治作为现代人生活方式的本体价值,在形式法治观的面前不复存在。公民品德能够保证立法者在立法的过程中,将公民个体以及社会发展所追求的核心价值融入法律体系中。司法从业者在司法实践过程中能够凭借自己的良心、自觉、法律素养对法律运行中出现的疑难问题作出审慎、合理的判断。在执法的过程中,执法者能够根据公民应有的向善、利他品质,展现出法律应有的人文品质,体现法律对社会群体的关怀。

3. 避免法治建设的活力低下。从思想语境来看,当代西方社会在制度发育中之所以注重公民品德的作用,其重要原因在

---

① 转引自[美]刘易斯·A.科瑟:《社会学思想名家——历史背景和社会背景下的思想》,石人译,中国社会科学出版,1990年,第253页。
② 郑永流:《法是一种实践智慧——法哲学和法律方法论文选》,法律出版社,2010年,第137页。

于，制度运行中遭遇的钝性需要公民品德来提供活力。在法律制度的适用过程中，规则的机械重复已经让社会制度丧失了应有的活力，人们政治参与、立法参与的积极性不断在降低。而要在一个机械适用规则的共同体中，使制度有活力地运转起来，就需要发挥道德、文化和精神力量对制度的守护价值。"如果我们的政治制度不再能够有效地运转——也许是由于过度的政治冷漠或者权力的滥用，公民就有义务去保护这些制度并使之不至于被毁坏。"①法治运行的活力低下会降低法律的适用性、司法过程的效率，最终影响到法治的实际效果。从本质上说，法治是人们社会交往的产物。具有公民品德的公民能够通过调动公民的情感，激发公民的参与热情，以"人"带动制度运行的方式增加法治的活力。因而，公民品德成为现代法治建设重要的"润滑剂"。充满自主意识、参与精神、契约意识、利他品质的公民，投入政治生活和法律生活，能够缓解机械适用法律所致的"钝性"。这样，现代法治运行离不开具有现代公民品德的社会成员的积极投入。

4. 发挥法治运行中的衡平作用。在司法实践中，很多现实的社会纠纷是规则、法律制度所无法预测和统摄的，这就为司法从业者带来巨大的挑战。此时，为了实现法律所追求的正义，价值引导和权衡显得尤为重要。有公民品德的现代公民内化了法

---

① 〔加〕威尔·金里卡：《当代政治哲学》，刘莘译，上海三联书店，2004年，第542页。

治精神，能够超越狭隘的个体自我，体现对他人、社会和国家的整体关照。一旦复杂的社会现实无法通过明确的制度加以解决的时候，就需要司法主体进行权衡。现代法治中的"法官造法"，不仅是法律行为，也是一个道德行为，是以道德、良心、人性作为标尺加以考量和平衡的过程。在很多法官心目中，公民品德的地位甚至需要超出实在法。此外，民法中"公序良俗"原则之所以成为"帝王条款"，就在于它是法律之外的"法"，是公民主体内心中的"确信"(belief)。无论是"法官造法"，还是司法实践中的"衡平法"，两者本身都是法律主体进行价值判断的结果。这个过程本身是根据现代社会复杂的社会现实，依凭法律主体的实践智慧所作出的审慎选择。当抽象的法律难以穷尽复杂的社会生活时，如何在法治的框架下行动，就必然涉及公民根据情境作出合宜的判断。此时，无疑需要公民品德的补缺。

因而，公民品德能够有力化解现代法治运行中出现的各种问题，它为现代法治注入了主体和价值的向度。公民品德能够有力阻止现代法治的形式主义之殇，避免法治建设出现"见规不见人"的局面，并通过有效补缺法治共同应对现代社会的多元复杂局面。公民品德是法治意识的人格承载，是现代法治内蕴的主体性、契约化、理性化等内化于公民的人格特征。法治的实施需要相应的主体要求，需要现代公民具备与之相应的品质。

四、法律制度建设与公民品德培育并举

法治建设是一项系统工程,它不单单是制定完善的制度、规范那么简单,而是让这些制度真正能够运转起来,实现法治的价值。法治建设需要公民品德的支撑和保障,铸造公民品德、培育现代公民也就成为法治建设的必然要求。因此,法治建设应当注重法律制度建设与公民品德培育协同并举、相互配合,将制度建设与人的建设放在同等重要的地位,共同推进国家治理现代化。

1. 公正的制度环境是法律制度建设与公民品德培育互补的前提。法律制度建设需要建立在公民品德基础上。制度的运行需要一个由良好公民所构筑的社会氛围和充满关怀的道德氛围,否则,制度难以获得人们内心深处的认同。正义是制度的基本德性,建立公平、正义的法律制度,既是法治建设对制度的基本价值要求,也可以为公民品德培育营造良好的环境。罗尔斯在《正义论》中将正义看作社会制度的首要美德。"一个社会,当它不仅旨在推进它的成员的利益,而且也有效地受着一种公共的正义观调节时,它就是一个良序(well-ordered)的社会。"[①]在一个正义的制度环境中,人们自然会通过社会交往形成良好的规则意识、理性精神、契约观念等。作为民主政治产物的公民,

---

[①] [美]约翰·罗尔斯:《正义论》(修订版),何怀宏等译,中国社会科学出版社,2009年,第4页。

其品德的塑造、养成更要以民主制度、法律制度为前提和基础。当代中国社会的法治建设需要建立、健全与中国特色社会主义制度相适应的法律制度体系,覆盖政治、经济、文化、社会等各领域。对于法治文化薄弱和传统力量惯性强大的中国社会,法律制度建设能够为当代中国公民品德培育提供良好的制度环境,帮助公民塑造主体意识和法律意识,培育现代公民品德。

2. 塑造主体型人格是现代法治教育与公民品德培育的共同议题。无论是现代法治教育,抑或是公民道德建设,最终的目的都是塑造独立、自由的主体型人格。主体型人格体现现代性的"主观性的自由原则",合乎现代社会的基本价值追求,也成为法治德治结合的教育实践的追求。从广义的角度看,法治教育与道德教育都可纳入"德育"视野,这里的"德育"更多指向人的观念、品格、精神等主体社会意识或思想境界的教育。法治的落实离不开具有法治思维与法治素养的合格公民,而道德教育也旨在塑造自律、卓越的道德人格,它们都基于主体性的基础之上。主体型人格是具有自由意志、独立精神、自主自律的人格类型,是现代人应有的人格,拥有了主体型人格,人们才可能成为大写的"人",真正的"人"。在现代法治建设与道德教育领域,主体型人格的发育显得尤为必要,又甚为紧迫。法治与德治的结合离不开德法兼修的坚实主体,尤其是在现代化的语境下,人的现代化不仅要具有权利意识、法治观念,还需要有责任意识、仁爱之心。主体型人格就其特质而言,体现公民的自律品格和自由意志,使得公民成为不依附任何外在权威的真正意义上独立的个体。它是现代法治建设(法治教育)与公民道德建设(德育教育)的基础,也是追求的目标。法治素养与道德人格是现代人不可或缺的重要方面,两者均建立在主体型人格的基础上。在现代化的进程中,法治与德治的结合应致力于塑造主体型人格,塑造公民的法治思维和道德人格,既尊法守法,又崇德向善,从而为现代化提供积极的人格支撑。

3. 法律制度建设与公民品德培育结合需要充分吸纳社会的核心价值。有效的公民品德培育,需要通过法律制度建设和公民品德内化的双重形式加以定型、落实。法律制度与公民品德的内在结合点在于,它们都是社会核心价值的不同承载和表达方式,即价值体系的外化与内化。"所谓外化,包括价值体系与一定的社会体制、文化形态、日常生活之间的相互融合,具体地渗入相关的层面。"价值体系内化意味着"与人的内在意识、精神相融合"[①]。制度以外在的、强制性的规范方式承载价值,而品德是价值在人内心中的凝聚化,是价值内化于个体的表现。在现代国家治理中,法律制度建设与公民品德培育,都应该将现代社会的核心价值融入其中。法治建设应该最大限度反映社会成员普遍关注的价值规范,立法过程应体现出法律明确的价值导向,同时,公民品德培育也应该体现对社会主义核心价值观的吸纳,

---

[①] 杨国荣:《哲学的视域》,生活·读书·新知三联书店,2014年,第41—42页。

将社会主义核心价值观内化于公民个体。也就是说，公民品德培育与制度建设应该反映出社会的价值需要，同时，现代国家治理应充分将社会主义核心价值观以法律制度建设与公民品德培育体现出来，并为两者的结合寻求稳健的价值根基。

4. 注重发挥制度建设与道德建设在现代国家治理中的互补作用。在充满复杂性、多样性的现代社会，社会治理需要多种治理方式，特别是需要道德治理与法律治理的协同并进。道德的基础是人类精神的自律，道德治理的方式主要依赖于主体的内在自觉。道德治理固然能够传递道德情感，理顺社会关系，呈现温情化的面向，但其"柔性"特征在面对陌生人环境时并不足以充分地实现社会信任，化解社会矛盾，协调社会交往。相比较来说，制度、规范是现代社会主导型的治理手段。制度的社会背景被假定为陌生化社会，人性假设为人性恶，它以约束力与强制力的方式保证实施。而且，制度具有普遍性，面对现代社会中的普遍化人群，制度更加体现出其实用价值。面对社会公共领域与私人领域的分野，在遵照道德与法律不同社会治理方式的差异性之上，需要对两者互相配合、有机协调。只有道德与法律两种治理方式刚柔相济、相辅相成，同其他社会治理方式协同作用，才能完满覆盖社会生活各个领域，系统调节全部社会关系。

结 语

作为社会价值形态的道德与法律

道德作为一种特殊的社会价值形态,其特殊之处是以善恶评价的方式、通过社会舆论和内在信念(良心)来评判调节,是自我完善的实践精神。这个界定是从规范论到完善论,从纪律约束、工具手段,提升到主体的实践精神、价值意义的层面。这是社会价值的一种特殊形态。

法律也是一种特殊的社会价值形态,法的特殊性表现在是由国家制定、通过国家的强制力来保障实施的调解权利义务的一种社会规范,通过利益的调整来实现某种社会的目标、社会的价值。法的价值追求有很多,如秩序、效益、自由、平等、人权、正义等,这样密切的结合,其实都是社会上占据主流地位价值形态的一种表达。国家的法律,就是社会主导意识形态、占主导地位的社会价值形态的表达。社会的主流价值,通过制度和信仰系统维系。现代国家和法律的合法性、合伦理性,正是基于正义。道德与法律有着同样的价值根基和意识结构。"法律是准绳,任何时候都必须遵循;道德是基石,任何时候都不可忽视。"[①]

法是社会的价值,它保障着人类生活的基本秩序。不只是

[①] 习近平:《坚持依法治国和以德治国相结合 推进国家治理体系和治理能力现代化》,《人民日报》2016年12月11日。

今天的我们在谈论"人们为什么服从法律",古老的《法学阶梯》一书的德语译者奥托尔夫·富克斯伯格尔在 1536 年出版的德译本序言中朴实而深刻地写道①:

> 如果这一对法的认识及运用
> 被人类弃置
> 那么,我们在居所内外
> 与我们的所占所有
> 与我们的亲朋好友
> 慈父善母
> 娇妻幼子
> 将再也不能幸福地和睦生活。
> 世间就再也没有人能知道
> 什么属于自己
> 什么属于他人
> 什么是父族的遗产
> 什么又归属自己的子女。
> 所有正义与公道将被遗弃
> 替而代之的是茹毛饮血
> 弱肉强食的蛮荒生活。

---

① [德]罗尔夫·克努特尔:《古代罗马法与现代法律文明》,涂长风译,《比较法研究》2002 年第 4 期。

> 那时,有谁还愿意在城市乡村规矩文明地生活呢?
> 在暴力与暴政的淫威下
> 无辜者不被庇护
> 所有礼仪与艺术将毁于一旦。

这种对人类美好生活的追求,就成为社会的价值取向,是人类社会包括阶级社会在内的久远向往,也显明了道德与法律的同根同源。古希腊社会中,由天然血缘关系而"自然"(physis)形成的风俗,混沌未分之时,最初也包括人和社会。以血缘关系为纽带的最早的氏族,自然聚集的人群,随着活动的丰富与复杂,出现了一些禁忌规范,从自然到产生出现了规范(nomos),出现了自然与社会的区别。人类的行为规范——风俗、道德、法律,其最基本的形成动因,就在于维系人类社会的生产秩序,恩格斯曾指出:"在社会发展的某个很早的阶段,产生了这样一种需要:把每天重复着的产品生产、分配和交换用一个共同规则约束起来,借以使个人服从生产和交换的共同条件。这个规则首先表现为习惯,不久便成了法律。"[①]由人类生活的风俗而来的规范,渐渐成为社会的道德、法律。我国古代的礼遵循着风俗整理规制而来,"礼本非一时一世而成,积久服习,渐次修整而臻于大

---

① 《马克思恩格斯文集》第 3 卷,人民出版社,2009 年,第 322 页。

备"①。古罗马的习惯法也是如此,由风俗习惯渐渐演变固化为《十二铜表法》成文法,成为罗马法的开端。古罗马时代,公元前67年的公民表决规定,裁判官们必须遵守他们自己在告示中作出的规定。在《学说汇纂》中有一编是"为别人制定的法律,自己也必须遵守"。这一理念与规则,在当今欧盟法院甚至以直接引用"遵守你自己制定的法"这一拉丁语的法律规则来做出判决。

法和德,联结在一起的学理根基,在康德那里,展示得较为透彻。康德认为,它们与"自然"相对,都是自由的表征。在康德看来,有两种规律:自然规律和自由规律,关于这些规律的学问分别是物理学(自然学,physics)和伦理学,即自然学说和道德学说。道德规律和自然规律一样,都是约束性的。康德在《道德形而上学的奠基》前言中说,古希腊的学科划分,包括斯多亚学派,除了研究形式的逻辑学以外,与一定的对象及其规则打交道的质料的哲学有两种:这些法则要么是自然的法则,要么是自由的法则。源于自然(physis)的法则的科学,是自然学(physics,物理学),也称作自然学说;关于自由法则的科学则叫作伦理学,也称作道德学说②。关注到这一点,我们就很好理解为什么康德一生

---

① 邵懿辰:《礼经通论》,转引自杨天宇:《郑玄三礼注研究》,天津人民出版社,2007年,第123页注。
② [德]康德:《道德形而上学的奠基》边码4:387,见《康德著作全集》第4卷,李秋零译,中国人民大学出版社,2005年,394页。

念兹在兹的《道德形而上学》分为"法权论"与"德性论"两部分。这里的"道德"（sitten，风俗习惯），在康德的术语学中意谓着"非自然的"（non-physical），这个意义来自普芬道夫对"自然实体"（*entia physica*）与"道德实体"（*entia moralia*）的区分。"道德的"就是指"非自然的"，而"自然的"就是指"非道德的"。道德的不是属于感觉世界，而是理智世界，法的和伦理的义务都不是自然的或自然之外的实体，它们只是通过理智世界的立场才是可以审视的。自由的规律，不论是法的还是伦理的，都被称作道德律。主体为自己确立自由规律，与自然的规律是不同的，我作为一个自由的人，一个本体的人单独地或与他人一起，给我自己立我所服从的自由之法，是我们的理性所命令之法①。第一部分是权利的学说，是外在的自由的限度②；第二部分是研究"伦理学"，是德性的学说，是内在的自由。法与德，就在自由这一价值根基上，交融结合在一起了。

中华传统文化中，礼治是德与法的完美统一。礼与法、德与刑、"礼乐刑政"，有着内在深层的关联，共同表征着当时社会价值形态。"诗书义之府也，礼乐德之则也，德义利之本也。"③中国

---

① S. Byrd & J. Hruschka, *Kant's Doctrine of Right: A Commentary*, Cambridge University Press, 2010, pp. 4-5.
② Allen Wood, *Kant's Ethical Thought*, Cambridge University Press, 1999, p.321.
③ 《左传·僖公二十七年》，杨伯峻编著：《春秋左传注》，中华书局，1990年，第445页。

古代是实行礼制的社会,礼的思想也渗透到了日用伦常之中,成为自觉的价值追求:"非礼勿视,非礼勿听,非礼勿言,非礼勿动。"①杨天宇认为:"礼学与仁学相辅相成,是中国古代儒家学说的核心。"②杨向奎指出,礼有礼仪及威仪,礼仪即礼,威仪即刑;而仪、刑古为同义字,在周书《吕刑》中,威仪遂与刑法为一体。"礼很像今天的根本法,它是西周国家一切政治生活规范的根本,是政治、军事、经济、司法、教育、道德等上层建筑领域行动的准则。"③西周的礼乐文明,以德、礼为主的周公之道,在鲁国世代相传,春秋末期遂有孔子以仁、礼为内容的儒家思想,实为宗周文化之正统,"周礼尽在鲁矣";而东方之齐、西方之晋乃法家思想之摇篮,为其"小宗"④。由孔子所编订的《礼》,又称《士礼》《礼经》,甚至在汉代也有《礼记》之名(与大、小戴《礼记》不同)⑤,后来被称为《仪礼》。《周礼》是东汉时期刘歆由《周官》更名而来,而《礼记》则只是《礼经》的传。集中记载周代礼制的文献,后人整理流传至今的称为"三礼":《周礼》、《仪礼》(夏商周三代礼制集成)、《礼记》,从这些文献可见当时礼之系统繁细。繁杂的礼,是天之经、地之义、民之行,是政治制度的体现,"名以制

---

① 《论语·颜渊》。
② 杨天宇:《郑玄三礼注研究》,天津人民出版社,2007年,第143页。
③ 胡留元、冯卓慧:《夏商西周法制史》,商务印书馆,2006年,第356页。
④ 参见杨向奎:《宗周社会与礼乐文明》,人民出版社,1992年,第277页。
⑤ 杨天宇:《郑玄三礼注研究》,天津人民出版社,2007年,第121页。

义,义以出礼,礼以体政,政以正民"①,"政以礼成"②。杨伯峻注曰:"体为'体用'之体,意谓礼为政治、政法之骨干。"③礼,祭祖祭天,是位育、遵从、对天的敬畏,而引申出对仁义忠信的追求,是人的根本价值追求和指导行为的准则,正如孟子所说:"古之人修其天爵,而人爵从之。"《左传》引君子云:"礼,经国家,定社稷,序民人,利后嗣者也。"④礼对于社会秩序不可或缺,"道德仁义,非礼不成,教训正俗,非礼不备。分争辨讼,非礼不决。君臣上下,父子兄弟,非礼不定。宦学事师,非礼不亲。班朝治军,莅官行法,非礼威严不行。祷祠祭祀,供给鬼神,非礼不诚不庄。是以君子恭敬、撙节、退让以明礼"⑤。安上治民,莫善于礼(《孝经》)。治人之道,莫急于礼(《礼记·祭统》)。儒家对礼极为重视,孔子不仕,退而修《诗》《书》《礼》《乐》,以求"克己复礼",一旦都做到这一点,天下归仁矣。

礼的升华是德与仁。周书的德字,大都是在帝王的立场上所说出的,小邦周灭了大邦殷,周人对于取殷而代之,找到的理

---

① 《左传·桓公二年》,杨伯峻编著:《春秋左传注》,中华书局,1990年,第92页。
② 《左传·成公十二年》,杨伯峻编著:《春秋左传注》,中华书局,1990年,第858页。
③ 杨伯峻编著:《春秋左传注》,中华书局,1990年,第92页。
④ 《左传·隐公十一年》,杨伯峻编著:《春秋左传注》,中华书局,1990年,第76页。
⑤ 《礼记·曲礼上》。

据就是"皇天无亲,惟德是辅"。"德是对礼的修正和补充。""德与仁都是礼之升华,是周公、孔子根据传统的礼仪制度加工改造。"① 敬德,才能保民。敬天,落实到敬德,敬者警也,《释名》中说:"敬,警也,恒自肃警也。"②德治是走向礼治的开端,周公制礼,完成了德治与礼治的统一③。

与礼相对应,刑,法,也是与之高度相关的范畴。说文:"法,刑也。""刑,罚罪也。"在古代,法有"触不直者去之"的动词之义,意为处罚犯罪。《易》曰:利用刑人以正法也。这里的"法",并不是表示法律的一般意义,而是专指刑罚或杀戮④,礼与刑,是防未然和禁已然的关系(《尚书·大传》)。"礼之所去,刑之所取,失礼则入刑,相为表里"(《后汉书·陈宠传》)。

法和德既然都是社会价值的一种体现,那么核心价值观就应当在法和德中均有体现。在 2016 年 12 月 25 日,中共中央办公厅、国务院办公厅颁发了《关于进一步把社会主义核心价值观融入法治建设的意见》,表明法治是价值观的体现,是价值观的运行载体之一,提出核心价值观要入法入规,要体现到宪法法律、法规规章和公共政策之中,转化为具有刚性约束力的法律规定,并且,社会主义核心价值观也要体现到市民公约、乡规民约、

---

① 杨向奎:《宗周社会与礼乐文明》,人民出版社,1992 年,第 331、334 页。
② 刘熙:《释名》释言语第十二。
③ 胡留元、冯卓慧:《夏商西周法制史》,商务印书馆,2006 年,第 358 页。
④ 胡留元、冯卓慧:《夏商西周法制史》,商务印书馆,2006 年,第 41、358 页。

学生守则、行业规章、团体章程等社会规范中。2018年5月7日中共中央印发了《社会主义核心价值观融入法治建设立法修法规划》,提出:

> 法律法规要树立鲜明的价值导向,充分体现社会主义核心价值观要求,把实践中广泛认同、较为成熟、操作性强的道德要求上升为法律规范,以良法促进发展、保障善治,以德治促进法治,更好构筑中国精神、中国价值、中国力量①。

在自治的领域当中,党的十九大报告提出健全自治、法治、德治相结合的乡村治理体系,在这些领域当中都要体现出社会主义核心价值观的要求。所以,无论是法律的还是道德的规则,在核心价值观这里,有一个实质的结合。它们结合的基础就是社会价值形态,价值根柢从深层内里把它们密切联结在一起,而不仅仅是一种行为"规范"。

法与德关系当中非常重要的,是法的道德基础问题。这个从古希腊就有探讨,现在还一直被人们引用的亚里士多德的"法的统治"(亚里士多德的术语这里英语译为 the law to rule,有的译为 take good government to exist),说的是"由法律来治优于

---

① 《进一步彰显法律法规的社会主义核心价值观导向——中央有关部门负责人就〈社会主义核心价值观融入法治建设立法修法规划〉答记者问》,《人民日报》2018年5月8日。

一人之治,并且同理,即使有时更宜由特定的人们来治理,他们也必须是法律的护卫者并服从法律"①。"好的治理的形式必定一是颁布的法律得到服从,二是这些法律是由公民很好地制定的。"②因为中文译本的关系,这两条被作为"法治"的定义。亚里士多德认为,正义是自然的、法律的。自然的正义在任何地方都具有效力,"是法律实证法之意义与目的之所在,亦形成其伦理上的基础"③。这种"自然"超越人定法的传统,在古希腊是根深蒂固的,通过诗人的谚语就可充分地看到他们的信念:"秩序(法、习惯、民俗道德等)必须超越于个别君王之上,这是一种依法而治的最古老典型。"④古希腊悲剧《安提戈涅》就表达出人定法与自然法的冲突与价值优先选择。凡此种种,彰显出法律深层的价值基础或道德基础,"而法律源于正义就如同源于它的母亲一样;因此正义比法律产生得早",罗马法《学说汇纂》开篇就提出了这种观点⑤。人类的自然的和理性的价值追求,构

---

① [古希腊]亚里士多德:《政治学》边码 1287a1 - 3,The Loeb Classical Library, William Heinemann Ltd, Harvard University Press 希英对照版,1959 年重印本,第 265 页。
② [古希腊]亚里士多德:《政治学》边码 1294a5,The Loeb Classical Library, William Heinemann Ltd, Harvard University Press 希英对照版,1959 年重印本,第 317 页。
③ [德]乌维·维瑟尔:《欧洲法律史:从古希腊到〈里斯本条约〉》,刘国良译,中央编译出版社,2016 年,第 59 页。
④ [德]乌维·维瑟尔:《欧洲法律史:从古希腊到〈里斯本条约〉》,刘国良译,中央编译出版社,2016 年,第 60 页。
⑤ [德]G.拉德布鲁赫:《法哲学》,王朴译,法律出版社,2005 年,第 32 页。

成了社会的基本秩序源泉。法国国王问弗朗索瓦·魁奈（François Quesnay），如果他是国王，他会做什么。魁奈回答"什么都不做"，但是他会聪明地让"法律"来统治①。魁奈所说的法律不是理性主义者构建的现代法学理念，是未经简化的本来意义的法律，在这里主要指自然法则，是在良知所追寻的价值指引下的理性的智慧。

发端于古希腊的思想、出现于古罗马的实践、兴盛于英国历史上的衡平法（equity），就是针对普通法的缺陷，由国王或"国王的良心看护者"大法官，根据"公平""正义"原则而非引用普通法判例而做出的适时判决，提供在普通法院判决基础上显失公平的补偿性的制度救济。认为"衡平"的平等公正，源于绝对的自然法则、高于人类法的"自然正义"，凭人类的理性发现。在中世纪，民间传统的习惯法与立法机关所立之法仍有清晰的区别，在名词术语上也是不同的概念②。

满足道德或者正义的一定条件，才能称为良法。法治"是指所有的机构，包括立法、行政、司法及其他机构都要遵循某些原则。

---

① [美]罗兰·斯特龙伯格：《西方现代思想史》，刘北成、赵国新译，中央编译出版社，2005年，第193页。斯特龙伯格在注释中特意强调："法律"在这里主要指自然法则，也指人定法。可见，法律远比现代职业法律人所理解的要宽广。弗朗索瓦·魁奈（1694—1774）是法国国王路易十四的宫廷医师，重农学派创始人。
② [比]范·卡内冈：《法官、立法者与法学教授——欧洲法律史篇》，薛张敏敏译，北京大学出版社，2006年，第3页。

上述原则一般被视为法律特性的表达,如正义的基本原则、道德原则、公平和正当程序的观念。它意味着对个人的最高价值和尊严的尊重"①。正如富勒所指出的,法不是中性词汇,法、法治、合法性、法律秩序等词汇,本身包含着某种最低限度的道德意义。法是有目的的、活生生的,法作为价值取向,是人类社会的一种意义追求,代表着人类社会主体对于所建构的制度对象的需求关系。伯尔曼主张摒弃对法律相关的思想和行动的狭隘性与技术性理解,不能把法律仅仅归结为一套处理事务的技术性手段,不能把法律脱离于历史,不能把一国的法律等同于我们的全部法律。有很多的门户之见,如法律实证主义的排他性、自然法理论的孤傲性、历史法学派和法的社会理论的唯我独尊等,都要去除,因而需要一种综合的法学。他提出的"法律必须被信奉,否则就不会运作",涉及理性和意志、涉及感情、直觉和信仰,涉及整个社会的信奉②。这里是把法律作为整个社会的价值和信仰的有机部分。

现代社会或近代社会(modern 就是相对于传统的社会而言的)最大的转型在哪里?梅因在《古代法》里面描述的,近代和传统不同的地方就在于个体独立性的凸显,传统社会最大的特点是人们依附于家族,依附于各种各样的势力,用马克思的话来

---

① [英]戴维·M.沃克:《牛津法律大辞典》,李双元等译,法律出版社,2003 年,第 990 页。
② [美]哈罗德·J.伯尔曼:《法律与革命·第一卷:西方法律传统的形成》,贺卫方等译,法律出版社,2018 年,第 4—5 页。

说,是建立在人的依赖性基础上的社会形态,这种依赖是不恰当的依赖。

近代以来,关于法律和道德关系,边沁的《道德与立法原理导论》有着清晰的阐释。边沁写这本书就是要为立法家提供立法的艺术,提供审查性的基础,明确为什么立法,立法的原则、根据、目的、宗旨。边沁力图"确定法律应当怎样",作为"审查性"的"立法艺术",写给立法学家们,让他们知道,立法的基本原则是要符合道德的要求,"一切法律所具有或通常应具有的一般目的,是增长社会幸福的总和"。因而,首先要尽可能排除损害这种幸福的立法,"立法艺术(它可被认为是法律科学的一个分支)教导的是组成一个共同体的人群如何可以依凭立法者提供的动机,被驱使来按照总体上说最有利于整个共同体幸福的方式行事"①。边沁的这一思想,成为亚里士多德所说的良法的现代回应。

法律法规应当是国家的价值目标、社会的价值取向、公民的价值准则的体现。我国在1986年颁布了《民法通则》,2017年颁布并实施了《民法总则》。后者作为《民法典》的开篇,标志着我国《民法典》编纂迈出了最为关键的一步,其背后是法律理念的重大调整,使民法调整更加注重人身关系,更加关注人文关怀,注重体现社会主义核心价值观,贯穿了处理人和人的民事关系

---

① [英]边沁:《道德与立法原理导论》,时殷弘译,商务印书馆,2000年,第216、360页。

一以贯之的精神,彰显了人格尊严的价值,如对弱势群体的特殊保护、强化对人身权的保护等。《民法总则》所宣示的民法基本原则,如平等原则、自愿原则、公平原则、诚信原则、合法原则、绿色原则等,表达了我们所倡导和保障的人与人的社会基本秩序。现在有些部门立法,法律和法律之间价值观念的不同导致出现相互之间或有矛盾、悖论、抵牾的情形,甚至有明显的冲突,在上位法与下位法之间,在法律之间,有时会存在价值上、精神上的不一致。国家治理不仅仅从法治的角度来进行评价,还应该从价值的角度对治理现代化进行评价,从这个角度说,法治其实包含的就是一种道德的要求,通过在法律背后设置根基的探讨,明确只有那些满足道德或者正义条件的法律才能够称之为良法。可以说,这样的例子很多,包括《婚姻家庭法》对家庭这一价值的维系①,《合同法》对于公平、公正原则等的呵护等,都非常重要。甚至像富勒说,法不是中性的词汇,法治、合法性、法律秩序等这样一些词汇,本身就包含着某种最低限度的道德意义,法是有目的的,活生生的。这是法的道德基础。

制定法律,目的是着眼于美德和人性的提升。柏拉图即使在晚年的《法篇》中,也对道德充满着热望:"在制定法律的时候,每个立法者,除了最高的美德外,决不考虑其他见解",这些美德

---

① 英国的"不列颠认同的十个核心价值"中,就包括"家庭"(family)这一价值。

包括忠诚,亦即彻底的正义①。立法者制定法规时,"他的目的是注重美德的整体"②,"从美德出发,并且说明这是立法者制定法律的目的"③,"在探讨了作为整体的德性之后,若能如愿,我们就会看到我们刚才所列的那些规制都已经考虑到这个了"④。法律规制的灵魂是德性。

  法律需要教育,如果没有了教育,美德、法律的理念也不再存在。柏拉图历经一生的坎坷,仍对教育执着不移:"公民受到好的教育将使他们成为好人,在其他方面就会取得很好的成功"⑤"教育的总和与本质,实际上就是正确的训练,要在游戏中有效地引导孩子们的灵魂去热爱他们将来要去成就的事业。"⑥"教育乃是从小在学里接受善,使之抱着热情而又坚定的信念去成为一个完善的公民,既懂得如何行使又懂得如何服从

---

① [古希腊]柏拉图:《法律篇》边码630C3-5,张智仁、何勤华译,商务印书馆,2016年,第15页。
② [古希腊]柏拉图:《法律篇》边码630E2,张智仁、何勤华译,商务印书馆,2016年,第15页。
③ [古希腊]柏拉图:《法律篇》边码631A3,张智仁、何勤华译,商务印书馆,2016年,第16页。
④ [古希腊]柏拉图:《法律篇》边码632E5,张智仁、何勤华译,商务印书馆,2016年,第18页。J. M. Cooper(ed.), *Plato: Complete Works*, Hackett Publishing Company, Inc, 1997, p.1327.
⑤ [古希腊]柏拉图:《法律篇》边码641C1-2,张智仁、何勤华译,商务印书馆,2016年,第29页。
⑥ [古希腊]柏拉图:《法律篇》边码643D1-3,张智仁、何勤华译,商务印书馆,2016年,第29页。

正义的统治。"①

我国古代占主导地位的价值形态是儒家学说,主张德是根本,通过刑(法)而彰明德。以《尚书》为例。《尚书》的主旨是敬天保民,关于德的记述很多,如"王其疾敬德","王敬作所不可不敬德",夏、商"惟不敬厥德,乃早坠厥命","王其德之用,祈天永命"(《尚书·召诰》),"彼裕我民,无远用戾"(《尚书·洛诰》,这里的"戾",是"至"),"德惟善政,政在养民","正德、利用、厚生,惟和"(《尚书·大禹谟》)。而通过关于刑的记述,我们可以看出,刑是为了达到教,达到治:"明于五刑,以弼五教,期于予治。刑期于无刑,民协于中。时乃功,懋哉。"(《尚书·大禹谟》)用刑的目的是达到"无刑"。"向用五福,威用六极"(《尚书·洪范》),意思是要用五种幸福劝人为善,用六种惩罚戒人作恶。《尚书》在对待德与刑(罚)的关系问题上,推崇品德、明德慎罚,如《尧典》表述为"允恭克让",《吕刑》对"德"概括出两种涵义:"德威惟畏,德明惟明。""以德行其威罚,则民畏之而不敢为非"(孔颖达),用美德去明察案件,是非就会彰明。这也是后来孔子所说的"导之以政,齐之以刑,民免而无耻。导之以德,齐之以礼,有耻且格"(《论语·为政》)。德与刑(法)的密切结合,成为中华法系的重要特征。

---

① [古希腊]柏拉图:《法律篇》边码643E2-4,张智仁、何勤华译,商务印书馆,2016年,第29页。

道德要真正发挥作用,外在环境所提供的制度保障也是重要的方面。伦理学不只是有像古代德性伦理对于修身齐家的个人品格方面的要求,还有非常重要的制度机制方面的保障。正如尼布尔关注过"道德的人和不道德的社会"的问题,在氛围不佳的群体中,道德的个体如何体现自己的道德良知,有的时候会受到很大的挑战,所以必须在外围上、制度上解决这个问题。对此柏拉图有着深切的体会。他致力于理想的美好愿望,但却在现实中不断碰壁,"对于高尚正直的人来说,没有必要去指令他们;因为凡是有需要制定礼法的事,大部分他们很容易就会知道该怎样去厘订的"①。但社会上并不都是"好人"。"有些法律是为诚实的人的利益制定的,如果他们想友好地生活,就都给他们必须遵守的人际交往的规则;另一些法律是为那些拒绝指导的人制定的,他们顽固不化的本性难以使他们摆脱罪恶。我正要提出的论点就是由他们触发的。为了他们的利益,立法者被迫制定法律,尽管他决不希望有任何机会使用这些法律。"②法律对于公民个人、对于国家、对于一国的美好生活,有着重要的意义。"在法律服从于某种其他权威而自身却没了权威的地方,这个城邦的崩溃也就不远了;但若法律支配着权力,权力成为法律的奴

---

① [古希腊]柏拉图:《理想国》边码 425E,顾寿观译(古希腊原文直译本),吴天岳校注,岳麓书社,2018 年,第 170 页。
② [古希腊]柏拉图:《法律篇》边码 880E1-6,张智仁、何勤华译,商务印书馆,2016 年,第 308 页;林志猛:《柏拉图〈法义〉研究、翻译和笺注》第二卷《法义》译文,华东师范大学出版社,2019 年,第 201 页。

仆,那么形势就充满了希望,人们能够享受众神赐给城邦的福祉。"①

法律服务于社会目的与利益,法的规条深层是具有内在的意蕴、精神、良知的,是对自由或权利的保障或补偿。耶林说过,"当我要适用涉及利害当事人的观点时,我内心的全部法感以及我身上的全部法律脉搏都起来反对我。而另一方面,我好几个星期都找不到能让我的法律良知平静下来的办法",最后他通过对法律目的的探寻,找到当时罗马法确立这一规则之目的,"补偿权利损失"才得以解决②。他开拓的利益法学关注法的目的导向,认为现实生活决定法律,主张目的是所有法律的创造者,法是服务于社会利益的工具。洛克在《政府论》中也指出了法的精神是对自由的保障:"法律按其真正的含义而言与其说是限制还不如说是指导一个自由而有智慧的人去追求他的正当利益","法律的目的不是废除或限制自由,而是保护和扩大自由。这是因为在一切能够接受法律支配的人类的状态中,哪里没有法律,哪里就没有自由。"③法律的生命力在于它对于生活的活生生的联结。"罗马人从来不偏离同具体案件、同具体的法律生活所保

---

① [古希腊]柏拉图:《法律篇》边码715D3-6,张智仁、何勤华译,商务印书馆,2016年,第123—124页。
② 转引自[德]耶林:《法学的概念天国》,柯伟才、于庆生译,中国法制出版社,2009年,译者前言第15页。
③ [英]洛克:《政府论》(下),叶启芳、瞿菊农译,商务印书馆,1964年,第35—36页。

持的永恒联系"①,透过法律的外壳,内在跳动着的,是价值、良知。伯尔曼认为,"法律不是作为一个规则体,而是作为一个过程和一种事业,在这种过程和事业中,规则只有在制度、程序、价值和思想方式的具体关系中才具有意义","法律渊源不仅包括立法者的意志,而且也包括公众的理性和良心,以及他们的习俗和惯例"②。这正是法的本质和精神所在。

多年前笔者曾提出:伦理学应该注重从个人的义务责任向社会伦理、制度伦理的转换,探讨体制、典章、规则、法规的伦理意义,"回答关于法律、制度、机构、设施的伦理性问题(西方思想家也称之为制度伦理学),它是与个体的德性伦理学相对而言,互为补充的:德性(美德)从内部协调人的行为,制度则从外部给予协调"③。伦理道德需要外在的好的环境来体现。法律的保障对道德行为的实施非常重要。我们现在已经逐渐地进入到一些领域,把特别重要的形成共识的道德要求慎重地以法律来保障。像见义勇为,比如彭宇案的判决,我们不管这个案子本身的复杂性,但这个判决后来客观上在遇到求助方面时导致了人和人之间较多的冷漠,却是毋庸置疑的。究其原因,非常重要的一种可

---

① [意]朱塞佩·格罗索:《罗马法史》,转引自何勤华、李秀清主编:《外国法制史(第二版)》,复旦大学出版社,2010年,第48页。
② [美]哈罗德·J.伯尔曼:《法律与革命·第一卷:西方法律传统的形成》,贺卫方等译,法律出版社,2018年,第14页。
③ 高国希:《应该重视从个人道德义务转向制度伦理的研究》,《探索与争鸣》1994年第11期。

能性就是,救助者担心会出现给自己带来麻烦,或者受到讹诈的情况。后来,深圳市颁布了见义勇为的地方性法规,就是力图解决这个后顾之忧。2017年我国颁布的《民法总则》(后来《民法典》的总则编)第一百八十四条规定:"因自愿实施紧急救助行为造成受助人损害的,救助人不承担民事责任。"见义勇为紧急救助造成的受助人损害,可以不用承担责任。这就免除了紧急救助者的后顾之忧。其实只是解决后顾之忧还不够,还应该更加完善,比如对于讹诈的,要惩处,让愿意违法者担负成本,这样才能从根基上改变"碰瓷"现象出现,不能只是费力证明救助者清白就万事大吉了。应当看到,许多国家对于不救助者,在某些情形下不会主动追究责任。欧美国家和地区(例如美国、意大利、日本、法国、西班牙,以及加拿大的魁北克),通行的"好撒马利亚人法"要求公民有义务帮助遭遇困难的人(如联络有关部门),除非这样做会伤害到自身。德国有法律规定"无视提供协助的责任"是违法的,在必要情况下,公民有义务提供急救,如果善意救助造成损害,则提供救助者可以免责。英国戴安娜王妃发生死亡车祸后,当时跟踪她的记者被调查是否违反了"好撒马利亚人法"。还有一种情形也很有说服力,比如对于消费者的权益保护,由于立法的立意不同,如果立法原则是基于补偿性的,仅补偿受害人所受的客观损害,并不考虑侵害人的过错程度、主观动机、是否具有反社会性、危害社会道德、不法获利、财产状况等因素,则补偿有限,对于遏制侵害消费者权利的行为作用有限;如果是惩罚性的法律,就不只是对客观上的损害结果进行补偿,则对侵害人和社会一般人具有很好的预防警示作用。法律对于道德风气,有着重要的作用,德法互济,相得益彰。

中国共产党非常强调依规治党,党领导人民制定宪法和法律,党内法规既是管党治党的重要依据,也是建设社会主义法治国家的重要保障。现在有一个明显的倾向,就是注重党内法规同国家法律的衔接和协调,把党内成熟的法规在适当的时候通过法律程序变成法律来遵守。在党内法规方面,2023年12月8日中共中央政治局会议第三次修订的《中国共产党纪律处分条例》第一百二十七条规定:"遇到国家财产和群众生命财产受到严重威胁时,能救而不救,情节较重的,给予警告、严重警告或者撤销党内职务处分;情节严重的,给予留党察看或者开除党籍处分。"[①]这不再像以前仅仅是个人品德的问题,而是要受到纪律处分的,这是对积极施与的要求,而不是被动免责的问题。

从这个角度看,法律的保障对于道德的履行是非常重要的。既然社会所珍视的价值是必需的,是社会所期待的,那么社会就需要运用法律来保护社会的核心价值,保护社会的主导道德。其实我国历史上自汉代开始,就有这样的传统,把伦理原则演变为法律规范,由礼生出法,隆礼重法,伦理寓于其中。当然,道德问题的解决不能一劳永逸地求助于法律完成,道德作为一种价

[①]《中国共产党纪律处分条例》,《人民日报》2023年12月28日。

值、目的、意义,绝不单纯是行为规范和协调,还在于对人性的提升。J.S.密尔认为,政府有责任培养公民的公共德性,改造人心。他提出,"好政府的第一要素既然是组成社会的人们的美德和智慧",所以政府"最重要的优点就是促进人民本身的美德和智慧"①。从这个角度,法律和道德之间的必然联系,特别是在政治道德方面,通过权利的理论体现出来,权力构成了法律的道德基础,原则承担着权利,原则具有道德的特性给予法律正当的权威和人们对于法律特别的尊崇,基于遵守正当执法是正确的,或者是法律本身是值得遵守这样的信念,人们愿意服从它。

法治和德治在今天如何体现?我们所说的"法""德",是在我们的现代化进程中的、当下的、中国的"法"与"德",但与我们传统的法与德有传承,与西方的法与德有关联。我们说,没有抽象的"法""德"本身,它们都体现为社会历史文化中具体的法与德的形态,当然我们可以从中探讨和上升到概念的高度,研究法理和道德的内在逻辑和运行规律。

"中国",这是我们谈论当下问题所运行的场域。"中国"是什么?中国不是其他国家,中国有中国自己的特色,有特有的作为法律的、道德的、有特质的内涵。中国古代法和德的体现有一个很完满的结合,就是礼治,其在中国的民间不仅有法律的意义,同时也有道德的意义。我们说礼仪之邦,礼有礼物、礼仪,最

---

① [英]J.S.密尔:《代议制政府》,汪瑄译,商务印书馆,2011年,第22—23页。

高要敬天,北京有天坛、地坛,它还有各种各样的礼仪,礼仪规范制度是不能僭越的。对于冒犯礼制的行为,孔子就愤慨地说"是可忍,孰不可忍"。礼是德和法完美的统一体,德和法的结合一直是中国非常重要的特色,包括像中国人对于生命等的观念,都有太多中国的法治特色。中国文化中是"天生烝民""天地之间莫贵于人",我们的传统观念历来是"人命关天",中国人的观念中,罪大恶极的杀人要偿命。对于罪大恶极不判死刑的话,人民肯定不答应。虽然世界上现在少用、慎用,个别国家或地区废除了死刑,但是在中国目前肯定是不能够完全简单照搬的,我们有我们特殊的观念。正如马克思所说:"权利决不能超出社会的经济结构以及由经济结构制约的社会的文化发展。"①这精辟地说明了权利的阶段性、可行性。

在当代中国的大地上,在中国特色社会主义建设当中,法治与德治有自己的特点。德治指的是什么含义,它是指"发挥道德的作用",还是像法治一样,是一个压倒性的规范体系?我们坚持依法治国与以德治国相结合,坚持法治与德治相结合,需要准确回答这一问题。法治与德治,在汉语表达上是同样的构词形式,但其意义是有差异的。法治,英语是 rule of law,法的统治,依法治国;而德治,作为以德治国,我们译为 goverance with morality,是道德融入治理,融入其精神,不是压倒性的具体规

---

① 《马克思恩格斯选集》第 3 卷,人民出版社,2012 年,第 364 页。

治。法治中国是未来的目标,依法治国是治国理政的基本方式,德治之"治"与法治之"治"在含义和地位上是有差异的。1997年,十五大提出依法治国的方略,是依据法律来治国,法治是对公权力的限制,是任何组织和个人不得有超越宪法法律的特权,绝不允许以言代法、以权压法、徇私枉法。法治观念非常重要的一点,就是法的统治,也就是在治理国家管理社会当中,法具有权威地位,任何组织和个人必须尊重宪法法律权威,依据法的要求行使权力或权利,履行职责或义务,而无僭越法律之特权,只能是法律之治。但德治来源于贤能政治,在现代语境下,与法治不是同等的意义,不可能在根据法律决定的同时,又拉出一个难以成文的道德来压倒法治。法治德治不是彼此分立的,它们应当是完美地融合在一起的。德的价值要求在立法之中予以体现,法律条文应该在制定的过程当中就已经很好地体现了人性也就是"德""情"的要求,而不是说在法律条文之外再去考虑"情",以情压法。比如在执行案件的时候,逮捕什么人的时候,不应当着年老体衰父母的面,也不能当着年幼孩子的面来执行,把人铐起来带走,必须找一个合适的方式,不影响老人和孩子心灵的方式执行,它应该体现在这里面。以德治国是依法治国方略中的一部分。从这个意义上说,"法治"和"德治"虽然在这两个字的中文句式上一样,但是应该还原到四个字"依法治国""以德治国"的内涵上来,这样它们的区别就比较明显。

德治和法治结合在不同的社会文化中会有不同的特点。比如，法治这个词来自西方，但是在今天的中国，"法治"已经不完全是西方意义上的，我们中国的法治不像西方独有的一个含义"法的统治"，我们讲的是党的领导、依法治国和人民当家作主的统一，已经是含义上的转变。德治也不再简单像古代传统一样的含义，因为古代的德治更多的是贤人政治。德治发挥作用，应该在总体的法治中国的环境中发挥道德的作用。

综上所述，关于新时代中国特色社会主义建设中的德治和法治，还有许多问题需要我们持续探索，既要深入挖掘民族文化传统和中国思想元素，又要强化法律和道德内在的学理逻辑、历史与现实相结合的实践逻辑，注重全球化与地方性、世界视野与中国语境的结合（Chinese context in global perspective）。

主要参考文献

一

《马克思恩格斯文集》第 1 卷,人民出版社 2009 年版。
《马克思恩格斯文集》第 2 卷,人民出版社 2009 年版。
《马克思恩格斯文集》第 3 卷,人民出版社 2009 年版。
《马克思恩格斯文集》第 5 卷,人民出版社 2009 年版。
《马克思恩格斯文集》第 8 卷,人民出版社 2009 年版。
《马克思恩格斯文集》第 10 卷,人民出版社 2009 年版。
《马克思恩格斯全集》第 1 卷,人民出版社 1995 年版。
《马克思恩格斯全集》第 3 卷,人民出版社 2002 年版。
《马克思恩格斯全集》第 10 卷,人民出版社 1998 年版。
《毛泽东选集》第 3 卷,人民出版社 1991 年版。
习近平:《习近平著作选读》第一卷,人民出版社 2023 年版。
习近平:《习近平著作选读》第二卷,人民出版社 2023 年版。
习近平:《习近平谈治国理政》第一卷,外文出版社 2018 年版。
习近平:《习近平谈治国理政》第二卷,外文出版社 2017 年版。
习近平:《习近平谈治国理政》第三卷,外文出版社 2020 年版。
习近平:《习近平谈治国理政》第四卷,外文出版社 2022 年版。
习近平:《在文化传承发展座谈会上的讲话》,人民出版社 2023 年版。
《中共中央关于进一步全面深化改革　推进中国式现代化的决定》,人民出版社 2024 年版。

《中共中央关于全面推进依法治国若干重大问题的决定》,人民出版社 2014 年版。

中共中央文献研究室编:《习近平关于全面依法治国论述摘编》,中央文献出版社 2015 年版。

中共中央文献研究室编:《十七大以来重要文献选编》(下),中央文献出版社 2013 年版。

《中国共产党纪律处分条例》,中国方正出版社,2023 年版。

二

杨伯峻编著:《春秋左传注》,中华书局 2009 年版。

杨伯峻译注:《论语译注》,中华书局 2009 年版。

杨伯峻译注:《孟子译注》,中华书局 2008 年版。

杨天宇:《礼记译注》,上海古籍出版社 2004 年版。

杨天宇:《郑玄三礼注研究》,天津人民出版社 2007 年版。

三

[古希腊]柏拉图:《柏拉图全集:法义》,林志猛译,华夏出版社 2023 年版。

[古希腊]柏拉图:《柏拉图全集:理想国》,王扬译,华夏出版社 2023 年版。

[古希腊]柏拉图:《法律篇》,张智仁、何勤华译,商务印书馆 2016 年版。

[古希腊]亚里士多德:《尼各马可伦理学》,廖申白译注,商务印书馆 2003 年版。

[古希腊]亚里士多德:《亚里士多德全集》第 9 卷,苗力田等译,中国人

民大学出版社 1994 年版。

［古希腊］亚里士多德：《政治学》，颜一、秦典华译，中国人民大学出版社 2003 年版。

［古希腊］亚里士多德：《政治学》，吴寿彭译，商务印书馆 2011 年版。

［奥］欧根·埃利希：《法社会学原理》，舒国滢译，商务印书馆 2023 年版。

［比］范·卡内冈：《法官、立法者与法学教授——欧洲法律史篇》，薛张敏敏译，北京大学出版社 2006 年版。

［德］汉斯-格奥尔格·加达默尔：《真理与方法——哲学诠释学的基本特征》上卷，洪汉鼎译，上海译文出版社 1999 年版。

［德］黑格尔：《法哲学原理》，范扬、张企泰译，商务印书馆，1961 年版。

［德］黑格尔：《法哲学原理》，邓安庆译，人民出版社 2017 年版。

［德］黑格尔：《哲学史讲演录》第四卷，贺麟、王太庆译，商务印书馆 1978 年版。

［德］康德：《康德著作全集》第 4 卷，李秋零等译，中国人民大学出版社 2005 年版。

［德］乌维·维瑟尔：《欧洲法律史：从古希腊到〈里斯本条约〉》，刘国良译，中央编译出版社 2016 年版。

［德］G.拉德布鲁赫：《法哲学》，王朴译，法律出版社 2005 年版。

［德］卢曼：《社会的法律》，郑伊倩译，人民出版社 2009 年版。

［德］鲁道夫·耶林：《法学的概念天国》，柯伟才、于庆生译，中国法制出版社 2009 年版。

［德］马克斯·韦伯：《经济与社会》上卷，林荣远译，商务印书馆 1997 年版。

［德］马克斯·韦伯：《学术与政治——韦伯的两篇演说》，冯克利译，生活·读书·新知三联书店 2005 年版。

［俄罗斯］C.谢·弗兰克：《社会的精神基础》，王永译，生活·读书·新

知三联书店 2003 年版。

[法]斯特凡·埃塞尔、[法]埃德加·莫兰:《希望之路:公民伦理的创建》,马胜利译,生活·读书·新知三联书店 2014 年版。

[荷]本雅明·范·罗伊、[美]亚当·费恩:《规则为什么会失败:法律管不住的人类行为暗码》,高虹远译,上海三联书店 2023 年版。

[加]威尔·金里卡:《当代政治哲学》,刘莘译,上海三联书店 2004 年版。

[美]阿拉斯戴尔·麦金太尔:《追寻美德:道德理论研究》,宋继杰译,译林出版社 2003 年版。

[美]阿拉斯代尔·麦金太尔:《伦理学简史》,龚群译,商务印书馆 2014 年版。

[美]阿历克斯·英格尔斯:《人的现代化——心理·思想·态度·行为》,殷陆君编译,四川人民出版社 1985 年版。

[美]艾赅博、[美]百里枫:《揭开行政之恶》,白锐译,中央编译出版社 2009 年版。

[美]戴维·M.沃克:《牛津法律大辞典》,李双元译,法律出版社 2003 年版。

[美]德沃金:《法律帝国》,李常青译,中国大百科全书出版社 1996 年版。

[美]E.博登海默:《法理学:法律哲学与法律方法》,邓正来译,中国政法大学出版社 2017 年版。

[美]富勒:《法律的道德性》,郑戈译,商务印书馆 2005 年版。

[美]哈罗德·J.伯尔曼:《法律与宗教》,梁治平译,生活·读书·新知三联书店 1991 年版。

[美]哈罗德·J.伯尔曼:《法律与革命》第 1 卷,贺卫方等译,法律出版社 2018 年版。

[美]黄宗智:《清代以来民事法律的表达与实践:历史、理论与现实》第

3卷,法律出版社2014年版。

［美］刘易斯·A.科瑟:《社会学思想名家——历史背景和社会背景下的思想》,石人译,中国社会科学出版社1990年版。

［美］理查德·桑内特:《公共人的衰落》,李继宏译,上海译文出版社2014年版。

［美］琳恩·斯托特:《培育良知:良法如何造就好人》,李心白译,商务印书馆2015年版。

［美］罗兰·斯特龙伯格:《西方现代思想史》,刘北成、赵国新译,中央编译出版社2005年版。

［美］麦金太尔:《谁之正义? 何种合理性?》,万俊人等译,当代中国出版社1996年版。

［美］诺内特、［美］塞尔兹尼克:《转变中的法律与社会:迈向回应型法》,张志铭译,中国政法大学出版社2004年版。

［美］乔纳森·桑福德:《美德之前——当代美德伦理学评论》,赵永刚译,中央编译出版社2024年版。

［美］R.M.昂格尔:《现代社会中的法律》,吴玉章、周汉华译,译林出版社2001年版。

［美］塞缪尔·P.亨廷顿:《变化社会中的政治秩序》,王冠华等译,上海人民出版社2008年版。

［美］威廉·K.弗兰克纳:《善的求索:道德哲学导论》,黄伟合等译,辽宁人民出版社1987年版。

［美］约翰·罗尔斯:《道德哲学史讲义》,顾肃、刘雪梅译,中国社会科学出版社2012年版。

［美］约翰·罗尔斯:《正义论》,何怀宏等译,中国社会科学出版社1988年版。

［英］芭芭拉·亚当、［德］乌尔里希·贝克、［英］约斯特·房·龙:《风险社会及其超越:社会理论的关键议题》,赵延东、马缨等译,北京出版

社 2005 年版。

[英]艾伦·麦克法兰主讲:《现代世界的诞生》,刘北成评议,上海人民出版社 2013 年版。

[英]安东尼·吉登斯:《社会的构成——结构化理论纲要》,李康、李猛译,中国人民大学出版社 2016 年版。

[英]安东尼·吉登斯:《现代性的后果》,田禾译,译林出版社 2000 年版。

[英]奥诺拉·奥尼尔:《迈向正义与美德:实践推理的建构性解释》,应奇等译,东方出版社 2009 年版。

[英]边沁:《道德与立法原理导论》,时殷弘译,商务印书馆 2000 年版。

[英]恩靳·伊辛、[英]布雷恩·特纳主编:《公民权研究手册》,王小章译,浙江人民出版社 2007 年版。

[英]哈特:《法律的概念》,张文显等译,中国大百科全书出版社 1996 年版。

[英]亨利·西季威克:《伦理学方法》,廖申白译,中国社会科学出版社 1993 年版。

[英]J.S.密尔:《代议制政府》,汪瑄译,商务印书馆 2011 年版。

[英]洛克:《政府论》上、下篇,瞿菊农、叶启芳译,商务印书馆 2022 年版。

[英]梅因:《古代法》,沈景一译,商务印书馆 2011 年版。

[英]齐格蒙特·鲍曼:《流动的时代:生活于充满不确定性的年代》,谷蕾、武媛媛译,江苏人民出版社 2012 年版。

[英]齐格蒙特·鲍曼:《流动的现代性》,欧阳景根译,上海三联书店 2002 年版。

四

陈来:《孔夫子与现代世界》,北京大学出版社 2011 年版。

邓正来:《中国法学向何处去——建构"中国法律理想图景"时代的论纲》,商务印书馆 2006 年版。

费孝通:《乡土中国》,北京大学出版社 2012 年版。

冯契:《冯契文集》第 3 卷,华东师范大学出版社 2016 年版。

冯友兰:《中国哲学简史》,赵复三译,生活·读书·新知三联书店 2009 年版。

何勤华:《外国法制史》,法律出版社 2016 年版。

胡留元、冯卓慧:《夏商西周法制史》,商务印书馆 2006 年版。

季羡林研究所编:《季羡林说国学》,中国书店 2007 年版。

金耀基:《中国民本思想史》,法律出版社 2008 年版。

强世功:《法律的现代性剧场:哈特与富勒论战》,法律出版社 2006 年版。

石元康:《历史与社会——对人存在的哲学反思》,上海人民出版社 2017 年版。

汪晖、陈燕谷主编:《文化与公共性》,生活·读书·新知三联书店 2005 年版。

汪太贤、艾明:《法治的理念与方略》,中国检察出版社 2001 年版。

王人博:《法的中国性》,广西师范大学出版社 2014 年版。

王玉樑:《从理论价值哲学到实践价值哲学》,人民出版社 2013 年版。

吴向东:《重构现代性:当代社会主义价值观研究》,北京师范大学出版社 2009 年版。

杨国荣:《伦理与存在——道德哲学研究》,北京大学出版社 2011 年版。

杨向奎:《宗周社会与礼乐文明》,人民出版社 1992 年版。

俞可平:《论国家治理现代化》,社会科学文献出版社 2014 年版。

张华夏:《道德哲学与经济系统分析》,人民出版社 2010 年版。

郑永流:《法是一种实践智慧——法哲学和法律方法论文选》,法律出版社 2010 年版。

周辅成编:《西方伦理学名著选辑》下卷,商务印书馆1987年版。

周桂钿主编:《中国传统政治哲学》,河北人民出版社2007年版。

五

陈景辉:《法律解释中的"法律"》,《中国人民大学学报》2024年第4期。

冯平、汪行福等:《"复杂现代性"框架下的核心价值建构》,《中国社会科学》2013年第7期。

韩庆祥:《习近平治国理政思想的四大基础》,《中国特色社会主义研究》2016年第2期。

李志江:《制度公正与社会和谐》,《道德与文明》2006年第1期。

马俊峰:《中国价值论研究:特点与问题》,《文史哲》1999年第5期。

孙伟平:《当代哲学中的价值论转向》,《天津社会科学》2002年第5期。

吴晓明:《从社会现实的观点把握中国社会的性质与变迁》,《哲学研究》2017年第10期。

吴彦:《心智与政治秩序——没有"德性"的政治哲学之检讨》,《复旦学报(社会科学版)》2018年第4期。

杨国荣:《道德系统中的德性》,《中国社会科学》2000年第3期。

俞吾金:《价值四论》,《哲学分析》2010年第2期。

张文显:《法治化是国家治理现代化的必由之路》,《法制与社会发展》2014年第5期。

周飞舟:《政府行为与中国社会发展——社会学的研究发现及范式演变》,《中国社会科学》2019年第3期。

[德]罗尔夫·克努特尔:《古代罗马法与现代法律文明》,涂长风译,《比较法研究》2002年第4期。

[英]保罗·克雷格:《形式法治与实质法治的分析框架》,王东楠译,姜明安主编:《行政法论丛》第13卷,法律出版社2011年版。

六

Boos, E. J., *Perspectives in Jurisprudence: An Analysis of H. L. A. Hart's Legal Theory*, Marquette University, 1996.

Byrd, B. Sharon, and Joachim Hruschka, *Kant's Doctrine of Right: A Commentary*, Cambridge University Press, 2010.

Cooper, J, M, , ed., *Plato: Complete Works*, Hackett Publishing Company, 1997.

Copp, David, ed., *The Oxford Handbook of Ethical Theory*, Oxford University Press, 2005.

Cotterrell, Roger, *Law's Community: Legal Theory in Sociological Perspective*, Oxford University Press, 1995.

d'Entreves, A P., *Natural Law: An Introduction to Legal Philosophy*, Routledge, 2017.

Hart, H. L. A., *The Concept of Law*, Oxford University Press, 2012.

MacIntyre, Alasdair, *After Virtue: A Study in Moral Theory*, Third Edition, University of Notre Dame Press, 2007.

Pound, Roscoe, *Law and Morals*, University of North Carolina Press, 1926.

Slote, Michael, *Morals from Motives*, Oxford University Press, 2001.

Taylor, Charles, *The Ethics of Authenticity*, Harvard University Press, 1992.

Wood, A. W., *Kant's Ethical Thought*, Cambridge University Press, 1999.

图书在版编目(CIP)数据

法治德治论/高国希,张晓燕,叶方兴著.--上海：复旦大学出版社,2024.12.--ISBN 978-7-309-17587-5

Ⅰ.D920.0

中国国家版本馆 CIP 数据核字第 2024SB5374 号

法治德治论
高国希　张晓燕　叶方兴　著
责任编辑/黄　丹

复旦大学出版社有限公司出版发行
上海市国权路 579 号　邮编：200433
网址：fupnet@fudanpress.com　http://www.fudanpress.com
门市零售：86-21-65102580　团体订购：86-21-65104505
出版部电话：86-21-65642845
浙江新华数码印务有限公司

开本 890 毫米×1240 毫米　1/32　印张 9.75　字数 185 千字
2024 年 12 月第 1 版
2024 年 12 月第 1 版第 1 次印刷

ISBN 978-7-309-17587-5/D·1200
定价：60.00 元

如有印装质量问题，请向复旦大学出版社有限公司出版部调换。
版权所有　侵权必究